edition ▸ neue psychologie

5. Auflage 2018

Umschlaggestaltung: Silke Bunda Watermeier, www.watermeier.net

www.innenwelt-verlag.de

Druck: CPI books, Leck
Printed in Germany
ISBN 978-3-942502-16-0

WILFRIED NELLES

Der Lebensintegrationsprozess

UMARME DEIN LEBEN

WIE WIR SEELISCH ERWACHSEN WERDEN

INHALT

1. Kapitel

„ICH WILL ENDLICH ERWACHSEN WERDEN!"

> Das Anliegen der Psychologie ist einzig, dass der Einzelne zu dem wird, was er ist, ganz gleich, was dies im jeweiligen Fall sein mag.
>
> Wolfgang Giegerich[1]

Die Frau neben mir machte ein ernstes Gesicht, und ihre Stimme klang entschlossen wie bei jemand, der sich nach langem Ringen einen Ruck gegeben hat: „Ich will endlich erwachsen werden." Sie war hübsch, mittelgroß, schlank, blond, große blaue Augen, voller sinnlicher Mund, dezent geschminkt und immer perfekt gekleidet. Üblicherweise sah sie eher verträumt als entschlossen aus, und wenn sie einen anschaute, lächelte sie gerne und überaus einnehmend. Es brauchte nicht viel Phantasie, um sich auszumalen, wie sie als Kind ihren Vater um den Finger gewickelt hat und dass es auch heute noch den meisten Männern sehr schwer fallen dürfte, ihr einen Wunsch nicht zu erfüllen.

Eine Kindfrau – attraktiv und unglücklich, die sich ihrer Waffen kaum bewusst war, die wie eine zweite Haut zu ihr gehörten und die sie zugleich (zumeist ganz unbewusst und automatisch) benutzte und hasste.

1. W. Giegerich, Der Jungsche Begriff der Neurose, Frankfurt 1999 (P. Lang), S. 91.

Letzteres, weil sie spürte, dass sie damit zwar Macht besaß, aber zugleich immer das Kind bleiben würde. Sie hatte es schon länger satt, dieses Kindfrauen-Dasein, und seit sie vor einem Jahr begonnen hatte, an Familienaufstellungen teilzunehmen und in Einzelberatungen ihre Probleme offengelegt hatte, war dieser Entschluss in ihr gereift: Es reicht, ich will nicht länger die süße Kleine sein. Ich will endlich erwachsen werden!

Ich musste spontan lachen und schüttelte den Kopf, und sie schaute mich verdutzt an. Was sollte denn das, redete ich nicht die ganze Zeit darüber, dass wir die Kindheit hinter uns lassen und endlich erwachsen sein sollten? Wieso dieses Lachen? Irgendetwas in dieser Art muss ihr durch den Kopf geschossen sein, vielleicht war sie aber auch einfach nur völlig perplex über meine Reaktion (die mich selbst ebenfalls ein bisschen erstaunte). „Das geht nicht“, sagte ich, jetzt wieder ernst, „völlig unmöglich!“ Ich schaute ihr offen in die Augen, sie schaute fragend zurück. Vielleicht wäre sie davongelaufen, wenn sie mich nicht schon etwas gekannt hätte. So aber wartete sie, ob ich nicht noch etwas Erklärendes sagen würde. „Stell dir einen Hasen vor, der zu dir kommt, dich ernst anschaut und dann mit ernster Stimme sagt: Ich möchte ein Hase werden!“ Eine Kursteilnehmerin aus der Runde begann laut zu lachen und konnte sich nicht mehr einkriegen, aber die Frau verstand nicht und schaute mich ratlos an, so dass ich nach einer kurzen Pause fortfuhr: „Du *bist* doch längst erwachsen. Erwachsen *werden* zu wollen ist für einen Erwachsenen nichts anderes als ein Hase, der ein Hase werden will.“ Die andere Teilnehmerin lachte inzwischen so heftig, dass sie fast von ihrem Stuhl fiel, aber sie lachte weniger über die Frau neben mir als über sich selbst, sie hatte in der Frage der Frau, meiner Antwort und ihrer Reaktion darauf etwas über sich selbst entdeckt. Ich blieb jedoch ernst, denn mir war sehr klar, dass die Klientin es wirklich ernst meinte und in Not war. Dennoch blieb ich bei meinem „Das geht nicht".

Sie wurde immer ratloser. „Das verstehe ich schon. Aber was soll ich denn dann machen? Ich will nicht mehr dieses Kindchen sein! Wie komme ich denn sonst da raus? Ich habe da keine Lust mehr drauf!"

„Du musst erkennen, dass du bereits erwachsen *bist*. In dem Moment, wo dir das durch und durch klar ist, haben die Kindereien von selbst ein Ende. Erwachsen *werden* wollen kann nur jemand, der es nicht ist. Solange du es werden willst, bleibst du also Kind, und das ändert sich nie. Du streckst dich nach etwas, was du scheinbar nicht bist, und rennst ihm ewig hinterher, anstatt zu begreifen, dass du es längst schon bist."

Sie entspannte sich, etwas klickte im Innern und auch sie musste etwas lachen, obwohl sie immer noch nicht wusste, wie es jetzt weitergehen sollte. Ich wusste es übrigens auch nicht, aber ich wusste, dass ich jetzt mit ihr arbeiten konnte. Jetzt war sie nämlich erwachsen, für diesen Moment wenigstens, während sie vorher bei aller Ernsthaftigkeit ein Kind war, das sich wünschte, erwachsen zu werden.

In der Praxis ist die Sache natürlich nicht ganz so einfach, und ich verstand sehr wohl ihren Wunsch und ihre Verzweiflung. Es ist ja gerade die Erkenntnis, dass man sich als scheinbar Erwachsener oft wie ein Kind verhält und – besonders in wichtigen und emotional gefärbten Situationen – es nicht schafft, wirklich erwachsen zu handeln, die einen zu dem Wunsch bringt, die Kindheit und das entsprechende Verhalten hinter sich zu lassen. Man ist jetzt sozusagen halb erleuchtet – man weiß, was man falsch macht, aber nicht, wie man es richtig machen soll.

Vorher, als man noch ganz dumm war, war das alles kein Problem, da hat man gar nicht bemerkt, dass am eigenen Verhalten etwas schief war, und wenn es Probleme gab, waren immer die anderen schuld: die Eltern, der Ehemann, die stressigen Kinder, der Chef, die Kollegen, der Staat, die Gesellschaft oder wen sonst zwischen Himmel und Erde man noch für sein Leben, sein Glück oder Unglück verantwortlich machen kann.

„Ich kann nichts dafür" oder auch „Ich kann nicht" sind zwei dieser mächtigen Kindersätze, die einem den Weg zur Aneignung des eigenen Lebens verbauen. Solange man solche Sätze benutzt und an sie glaubt, steckt man noch tief in den Kinderschuhen.

Wir sind also erwachsen und sind es doch nicht. Zum Beispiel in der Paarbeziehung: Wenn eine Frau oder ein Mann sich in eine(n) andere(n) verliebt, bricht für den Partner die Welt zusammen. Dabei sind es keineswegs nur die tatsächlichen Probleme, die daraus entstehen oder entstehen könnten, die uns erschrecken, sondern es ist in den meisten Fällen das Kind in uns, das sich fühlt, als würde ihm der Boden unter den Füßen weggezogen. Mann und Frau sind sich in den meisten Beziehungen nämlich gegenseitig auch Eltern (ich spreche hier natürlich von der emotionalen Ebene). Sie geben uns (oder wir versprechen, wünschen und erhoffen uns von ihnen) das, was uns einst die Eltern gaben: Sicherheit und Geborgenheit. Wenn das bedroht ist, fühlen wir uns wie ein Kind, dass sich seines Platzes in der Familie nicht mehr sicher ist und fürchtet, dass die Eltern es verlassen - und es allein in der Welt steht.

Und wir verhalten uns dann oft auch wie Kinder: Wir schreien und toben, werfen mit Gegenständen um uns, heulen und flennen, fordern und betteln und fühlen uns verlassen und verloren. Oder wir ziehen uns in eine innere, imaginäre Welt zurück (wie es Kinder oft tun, wenn sie in der äußeren Welt kein Verständnis finden) und sind für niemanden mehr wirklich erreichbar. Dass der Partner uns dann nicht ernst nimmt und sich vielleicht sogar darin bestätigt fühlt, dass es mit diesem Mann oder dieser Frau nicht mehr geht, macht die Sache nicht einfacher.

Ich will damit nicht sagen, dass es für einen auch emotional erwachsenen Menschen leicht wäre, wenn sein Partner sich jemand anderem zuwendet. Das ist selbstverständlich ein Problem, denn das Leben der beiden ist auf vielen Ebenen miteinander verbunden - man hat Vorstellungen für die Zukunft, die plötzlich nichtig sein könnten, hat sich aneinander gewöhnt und geglaubt, sich aufeinander verlassen zu können, hat vielleicht gemeinsame Kinder, materielle Investitionen und natürlich auch - und selbst dann, wenn der Honeymoon längst vorbei ist - eine mehr oder weniger tiefe emotionale Bindung. Wenn eine Ehe ernsthaft gefährdet ist oder zu Ende geht, dann stirbt etwas in beiden – nämlich das Paar. Und selbst wenn es, um im Bild zu bleiben, nur eine schwere Krankheit oder ein plötzlicher Unfall (der Paarbeziehung) ist, sieht man vielleicht den Tod am Horizont und ist entsprechend betroffen. Es ist aber ein großer Unterschied, ob man darauf kindlich oder erwachsen reagiert. Das Kind ist grundsätzlich hilflos, grundsätzlich abhängig und daher auch grundsätzlich Opfer, weil es noch nicht die nötigen inneren und äußeren Ressourcen hat, sein Leben selbst in die Hand zu nehmen. Daher fühlt sich ein Kind ganz zu Recht völlig verloren und bodenlos, wenn es merkt, dass die Eltern es allein lassen (könnten). Der Erwachsene hingegen – das ist der grundsätzliche Unterschied zwischen ihm und einem Kind (und auch einem Jugendlichen) – ist handlungsfähig und kann selbständig – im Rahmen der jeweils gegebenen Möglichkeiten – handeln. Wer also lamentiert, sich hilflos und als Opfer fühlt, ist innerlich im Kindbewusstsein. Für einen Erwachsenen ist ein solches Verhalten unangemessen.

Ich will damit aber nicht sagen, dass man erwachsen reagieren *soll*, etwa nach dem Motto „So etwas kommt halt vor", „Ich toleriere das", „Ich bin nicht eifersüchtig" oder „Es macht mir nichts aus". In den meisten Fällen bedeutet das nämlich nur, dass man die kindlichen Gefühle unterdrückt oder so abgespalten hat, dass man sie gar nicht mehr wahrnimmt. Dann überleben sie umso besser. Ein Gefühl von Schmerz, Enttäuschung oder Trauer wird immer aufkommen, wenn so etwas passiert, auch bei sehr gereiften Menschen. Und diese Reife erreicht man meist nur, wenn man sich zuvor schon den kindlichen Ohnmachtsgefühlen gestellt hat. Wenn also der Schmerz und die ganze Palette der kindlichen Gefühle wie Wut, Angst, Verlorenheit, Hilflosigkeit etc. da sind, sollte man sie durchaus ans Licht kommen lassen, ihnen Raum geben und sie *er*-leben. Nur dann nämlich, wenn sie gesehen und genommen werden, wie sie sind, besteht die Möglichkeit, allmählich über sie hinaus zu wachsen. In vielen Fällen wird dann auch deutlich, wo sie herkommen, es kommt das Kind in den Blick, das diese Gefühle schon seit langem in sich trägt. Damit kann dann langsam etwas in uns heilen, und was zunächst wie eine Katastrophe aussah, kann sich so vielleicht in einen Heilungsprozess für unser inneres Kind verwandeln, der uns am Ende innerlich gefestigter, weniger abhängig und damit erwachsener sein lässt. Und dann könnte man - wenn man es wirklich verstanden hat, wird man dies auch - am Ende sogar dankbar sein für das, was einem anfangs als Katastrophe und schreiende Ungerechtigkeit erschien. Aber das kann man nicht vorwegnehmen, das muss man mit allen Schmerzen durchleben.

Wir brauchen aber nicht so weit zu schauen, um unsere Kindmuster zu sehen. Die hilflos zeternde, schreiende oder schlagende Mutter, wenn ihr Kind nicht gehorcht; Erwachsene von 30, 40, 50 oder mehr Jahren, die jedes mal wütend auf ihre Mutter werden oder traurig oder verzweifelt sind, wenn diese sich in ihr Leben einmischt; der Mann, der sich nicht traut, seiner Frau zu widersprechen und sich von ihr diktieren lässt, welches Hemd und welche Hose er anziehen darf – es ließen sich unzählige Beispiele für kindliche Gefühls- und Verhaltensmuster bei Erwachsenen finden, einige harmlos (wie die Begeisterung für die „eigene" Fußballmannschaft oder das kurzfristige Leiden an deren Niederlage), andere lästig, aber nicht so wichtig, einige aber auch schmerzhaft oder gar zerstörerisch. So erwachsen wir uns auch in vielen Lebensbereichen, etwa im Beruf oder generell im öffentlichen Leben, fühlen und nach außen präsentieren mögen, so sehr prägen kindliche Gefühle und Verhaltensmuster unseren Alltag – vor allem da, wo Emotionen ins Spiel kommen. Das ist, wie gesagt, nicht immer und überall problematisch, wir wären sogar ganz arm, wenn wir uns nicht auch das Kindliche in uns bewahren und es pflegen und leben würden.

Auch ein erwachsenes Leben kann und darf leicht und spielerisch sein, auch ein Erwachsener darf und muss sich manchmal „gehenlassen". Die kindlichen Muster, um die es mir hier geht, sind aber weder leicht noch spielerisch, sie sind uns im wahrsten Sinne des Wortes eingefleischt und machen uns das Leben eher schwer als leicht. Wenn wir das Erwachsensein richtig verstehen, ist es nämlich viel leichter als ein von kindlichen Gefühlen und Ansprüchen dominiertes Leben.

So sehr uns das Hilflos-Kindliche in uns manchmal stört, so sehr profitieren wir aber auch davon, wenigstens scheinbar. Es bietet nämlich auch eine ganze Reihe Vorteile, wenn sich diese bei genauerem Hinsehen auch als Belastungen erweisen mögen. Es ist wichtig, diese „Vorteile" zu sehen und sich einzugestehen, denn wir halten nicht zuletzt deshalb am Kindlichen fest, weil wir sie nicht verlieren wollen. Die Frau, die als Kind Vaters Liebling war und sich deshalb (heimlich) größer und wichtiger vorkam als die Mutter, würde ihre Bedeutung, ihre Wichtigkeit verlieren, wenn sie als Erwachsene die Starrolle abstreift und nur eine normale Frau wäre. Ebenso Mamas Liebling: Wer wäre er noch, wenn er nicht mehr im Mittelpunkt stünde? Die Helferin, die sich für alle aufopfert und sich darüber beklagt, wie schwer sie es hat, wie sehr sie von allen ausgenutzt wird oder wie undankbar die Welt ist – wer wäre sie ohne ihre Klagen, wer wäre sie, wenn sie sich nur noch um sich selbst kümmern würde, anstatt für alles und jeden eine Verantwortung zu übernehmen, die nur eine scheinbare ist, weil sie sie gar nicht tragen kann?

Den größten Vorteil habe ich schon kurz erwähnt: Man ist, genau wie ein Kind, für nichts verantwortlich. Man kann ja nichts dafür, wenn man sich hilflos und handlungsunfähig fühlt, wenn der Chef plötzlich laut wird, oder wenn man sich wie ein kleiner Junge fühlt und wie dieser schuldbewusst und kleinlaut wird oder auch – je nachdem, wie das Kind in einem geartet ist – trotzig wird oder wütend aufbraust, wenn die Ehefrau einen moralisch zurechtweist. Klar, wenn das ein immer wiederkehrendes Muster ist, das einen vielleicht schon mehrmals den Job gekostet oder einen beruflichen Aufstieg verhindert hat oder schon mehr als einmal zum Abbruch von Beziehungen geführt hat (einmal reicht den meisten nicht, um zu erkennen, dass nicht nur die anderen schuld sind), dann beginnt man vielleicht, sich selbst in Frage zu stellen und sich über das eigene Verhalten zu ärgern. Man merkt vielleicht sogar, dass der Chef in dem Moment wie der Vater ist oder die Ehefrau wie die Mutter und ärgert sich im Nachhinein, dass man wieder einmal darauf hereingefallen ist und dem hilflos ausgeliefert war wie als Kind dem Vater oder der Mutter. Aber auch dann, in diesem Ärger über sich selbst, fühlt man sich noch als Opfer und hilflos. Denn was soll man machen, es kommt halt über einen! Ich würde ja gerne richtig erwachsen sein, aber es geht nicht! Das ist, in den meisten Fällen, nicht nur eine billige Ausrede, sondern es fühlt sich tatsächlich so an. Aber es fühlt sich nur so an, es ist nicht so. Das gilt es zu verstehen oder, besser gesagt, zu sehen. Im Sehen, im Angesicht der eigenen Kindlichkeit, im ganzen und vollständigen Sehen, löst sich diese auf. Sie löst sich auf, weil man in diesem Sehen erkennt, dass sie eine Illusion ist, dass man eben kein Kind mehr ist, dass die Kindheit vorbei ist. Dazu aber muss man sie zuerst ganz sehen, man muss sich selbst in seiner Kindlichkeit sehen und diesen Anblick aushalten.

Das ist keineswegs so leicht, wie es scheinen mag. Dafür gibt es (mindestens) zwei Gründe: Erstens den, dass mit diesem Sehen sofort die eigene Verantwortlichkeit auftaucht und bewusst wird; man kann nicht mehr länger unschuldig, klein und hilflos bleiben. Man ist zwar vielleicht nicht schuld an der Situation, in der man steckt, aber man kann selbst etwas tun, man kann seine Lage selbst verändern. Zweitens fühlt man mit diesem Kind, das man ja selbst einst war und das noch immer in einem steckt. Man fühlt nicht nur mit, sondern ist oft sogar völlig mit ihm identifiziert - man *ist* (so fühlt es sich jedenfalls an) dieses Kind. Um es anzuschauen und zu sehen, muss man aus dieser Identifikation heraustreten, man muss sich selbst als Erwachsenen wahrnehmen und das Kind *vor* sich sehen. Und dann muss man es aushalten, den Schmerz oder die Hilflosigkeit oder die Verwirrung, die Verlorenheit oder die Traurigkeit dieses Kindes, das man selbst war, zu sehen, ohne sich sofort wieder damit zu identifizieren. Das gelingt den meisten nicht von heute auf morgen und auch nicht ohne Hilfe von außen.

Der Lebensintegrationsprozess (LIP), den ich am Ende dieses Buches beschreibe, ist eine solche Hilfe. Bevor ich darauf näher eingehe, möchte ich das hier angerissene Thema jedoch zunächst einmal vertiefen. Denn der LIP ist nur eine Methode, um eine tiefere Wirklichkeit sichtbar zu machen. Auch wenn es, wie ich glaube, eine sehr gute Methode ist, so gilt auch für ihn das, was für alle Methoden gilt: Wenn wir sie und das, was sie ans Licht bringen, nicht tief verstehen, werden sie schnell oberflächlich.

2. Kapitel

STUFEN DER REIFUNG

Um sich darüber klar zu werden, was Erwachsensein psychologisch bedeutet und wie man dorthin gelangt, ist es hilfreich, sich die Unterschiede zwischen dem kindlichen, dem jugendlichen und dem erwachsenen Bewusstsein zu vergegenwärtigen. Dazu möchte ich zunächst die wichtigsten Stufen unseres Lebens und die inneren und äußeren Lebensumstände, die für die jeweilige Stufe gelten, näher betrachten und beschreiben.

Diese Lebensumstände sind nämlich sehr verschieden, je nachdem auf welcher Stufe wir uns befinden. Deshalb haben wir auf jeder Lebensstufe ein anderes Lebensgefühl, ein anderes Bewusstsein von uns selbst, unserer unmittelbaren Umgebung und der Welt insgesamt. Dieses unterschiedliche Bewusstsein hilft uns dabei, uns in der jeweiligen Lebenssituation orientieren und angemessen verhalten zu können. Ich unterscheide insgesamt sieben Lebensstufen, denen jeweils ein anderes Bewusstsein entspricht[2].

2. Selbstverständlich entwickelt sich das Bewusstsein auch innerhalb dieser Lebensphasen. Zur Begründung dieser Einteilung in genau sieben Stufen sowie meines gesamten Bewusstseinsmodells verweise ich auf mein Buch „Das Leben hat keinen Rückwärtsgang“, Innenwelt Verlag 2009. Dort findet sich auch eine Beschreibung der Lebens- und Bewusstseinsstufen 5-7.

Die Stufen 5 – 7 sind für das Thema des Erwachsenseins zunächst nicht wichtig, sie folgen ja erst nachher. Ganz unwichtig sind sie aber nicht, denn um das Erwachsensein zu verstehen, muss man geistig darüber hinausgewachsen sein – ebenso wie man die Kindheit als Kind zwar leben, aber nicht verstehen kann. In diesem Buch möchte ich mich aber darauf konzentrieren, wie sich das erwachsene Bewusstsein von den früheren Bewusstseinsstufen unterscheidet.

STUFE	LEBENSPHASE	BEWUSSTSEIN
1	Ungeborenes Kind	Symbiotisches Einheitsbewusstsein
2	Kindheit	Gruppenbewusstsein
3	Jugend	Ich-Bewusstsein
4	Erwachsener	Selbst-Bewusstsein
5	„Reifer" Erwachsener (ab ca. 50)	Geist-Bewusstsein
6	Alter Mensch (ab ca. 65)	Wissendes Einheitsbewusstsein
7	Tod	Nicht- oder All-Bewusstsein

Im Mutterleib – Symbiotisches (unbewusstes) Einheitsbewusstsein

Unser Leben beginnt in der Einheit oder, genauer gesagt, der Symbiose (auf deutsch: dem Mitleben) mit der Mutter. Wir sind nicht nur mit ihr verbunden, wir sind ganz in sie eingelassen, fast wie ein Organ ihres Leibes. Aber nur fast – wir sind kein Organ, wir sind, wenn auch ganz eingebunden, etwas Eigenes, Fremdes, das in ihr wächst, um sie am Ende zu verlassen. Bis dahin wird der Fötus jedoch über ihren Blutkreislauf und ihren Stoffwechsel mit allem versorgt, was er braucht.

Die Geschichte aus dem Schlaraffenland, wo einem die gebratenen Tauben in den Mund fliegen und man absolut nichts zu tun braucht, ist in Wahrheit eine Geschichte aus dem Mutterleib. Wir entwickeln uns in dem Maße, in dem uns der mütterliche Organismus nährt. Und wir darben in dem Maße, in dem er uns nicht nährt. Alles Gute, das die Mutter zu sich nimmt, kommt auch dem Fötus zugute, ebenso aber auch alles Schlechte. Die Zigaretten, die die Mutter raucht, der Alkohol oder die Drogen, die sie zu sich nimmt, die Krankheiten, die sie vielleicht befallen und die Medikamente, die sie dagegen nimmt, erreichen auch das Kind, wenn auch in abgeschwächter Form. Die Natur hat mit dem Fruchtwasser und der Placenta einen Filter eingebaut, der vieles von dem Kind abhält oder abfedert, was die Mutter tut oder erleidet oder ihren Organismus belastet. Dennoch führt zum Beispiel starker Alkoholkonsum der Mutter zu erheblichen Schäden beim Kind. Das Gleiche gilt für die Sorgen, den Stress, die Gedanken, die Gefühle, die die

Mutter hat - das Kind spürt sie und nimmt sie, wenn auch gedämpft, in sich auf. Das bedeutet keineswegs, dass werdende Mütter alles Belastende im Leben von sich fernhalten müssten, um dem Kind nicht zu schaden. Abgesehen davon, dass dies gar nicht geht, wäre es noch nicht einmal gut für das Kind, denn das Leben besteht nun einmal nicht nur aus Honig. Und wir werden schon im Mutterleib darauf vorbereitet und müssen dies auch werden, um im späteren Leben bestehen zu können.

Generell gilt jedoch: Wenn die Mutter gesund und gelassen ist, geht es auch dem Kind gut, weil es in Sicherheit ist; wenn sie krank ist, einen Unfall hat oder anderweitig körperlich oder seelisch gefährdet ist, ist auch das Kind gefährdet. Und wenn sie ernsthaft eine Abtreibung erwägt oder gar eine solche erfolglos versucht (was früher, als Abtreibungen noch illegal und nicht von spezialisierten Ärzten vorgenommen wurden, wohl häufiger vorkam, jedenfalls begegnet es mir gelegentlich in meiner Praxis) hinterlässt das beim Kind seine Spuren. Sein Leben hängt, im Guten wie im Schlechten, an dem der Mutter. Der Fötus selbst kann - dies ist für unser Bewusstsein ein entscheidendes Element - nichts für sein eigenes Überleben tun. Alles hängt an der Mutter.

Das bedeutet für unser vorgeburtliches Bewusstsein, dass es unmittelbar mit der Mutter verbunden ist. Wir werden später sehen, dass dies nicht alles ist, dass sich das Bewusstsein nicht nur als Anpassung an seine Umgebung entwickelt. Ein wichtiger Aspekt des Bewusstseins ist dies aber allemal, denn wir müssen lernen, die jeweilige Umgebung und Lebenssituation so einzuschätzen, dass wir überleben und uns orientieren können. Das gilt bereits für das ungeborene Kind. Es kann zwar nichts tun, aber genau dies: *Nichts tun*, kann es tun.

Ich habe viele Aufstellungen[3] geleitet, in denen es um die Geburt des Klienten und die Mutter-Kind-Beziehung unmittelbar nach, während und manchmal auch vor der Geburt ging. Ich stelle dabei immer je eine Person für die Mutter und das Kind auf. Wenn man die Stellvertreter dann auffordert, sich auf diesen Zeitraum auszurichten, sich zu sammeln, auf ihre inneren Impulse zu achten und sich von ihnen bewegen zu lassen, wird sehr deutlich, ob es in diesem Zeitraum ernsthafte Probleme (das heißt in der Regel: eine Gefährdung des Lebens des Kindes) gegeben hat. Wenn die Mutter Probleme hatte, das Kind zu behalten, wenn sie während der Schwangerschaft einen größeren Unfall oder einen schweren Schock erlitten hat, sehr krank war oder Ähnliches, merkt dies das Kind

In den Aufstellungen zeigt sich das so, dass sich diese Kinder kaum zu bewegen wagen. Ich deute dies so, dass das Kind im Mutterleib wahrnimmt, dass mit dem Leben der Mutter auch sein eigenes Leben gefährdet ist, und seine Lebensimpulse instinktiv auf ein äußerstes Minimum zurücknimmt, um die Mutter nicht zu belasten.

Das Interessante und für unser späteres Bewusstsein Bedeutsame daran ist, dass darin bereits der Keim für Überzeugungen, Gefühle und Verhaltensweisen liegt, die uns ein Leben lang begleiten.

3. Ich habe die Aufstellungsmethode im Anhang kurz dargestellt. Wer damit nicht vertraut ist, sollte dies zuerst lesen, um das Folgende besser verstehen zu können.

Gefühle und innere Überzeugungen wie „Ich darf nicht auffallen", „Ich muss leise sein", „Ich darf mich nicht zeigen", „Ich darf meinen Platz nicht einnehmen", „Das Leben ist unsicher", „Das Leben ist Stress", haben hier oft ihren Ursprung. Auch als Erwachsene sprechen diese Menschen oft sehr leise, bewegen sich sehr zurückhaltend, fühlen sich in Gruppen unwohl und unsicher und sind immer halb auf dem Rückzug, haben eine scheue Ausstrahlung, verstecken ihr Äußeres (bei Frauen auffälliger als bei Männern) hinter unscheinbaren Kleidern und Frisuren und so weiter. Nicht selten steht dies in einem starken Kontrast zu ihrer tatsächlichen Schönheit oder Leistungsfähigkeit.

Auf der anderen Seite sind sie meist sehr zäh und große Überlebenskünstler, die auch etwas Schlimmes nicht so schnell aus der Bahn wirft. Sie leben oft in der Phantasie, haben eine reiche Innenwelt und machen manchmal sehr viel daraus, werden beispielsweise Schriftsteller oder andere Künstler. Vor allem verstehen sie es, stillzuhalten und abzuwarten. Die schmerzhaften Erfahrungen sind also nicht nur schlecht, sie haben durchaus eine produktive Seite. Was der einzelne Mensch daraus macht, liegt nicht allein an der Erfahrung selbst und lässt sich daher weder vorhersagen noch mit der (schlechten) Erfahrung begründen (das gilt genauso für die späteren Lebensstufen).

Ein anderes Thema aus dieser Lebensphase, das einem in der Therapie oft begegnet (natürlich nur dann, wenn der Therapeut dafür offen ist, so weit zurück zu schauen, was nur möglich ist, wenn er nicht nur mit kognitiven

Methoden arbeitet), ist der verlorene Zwilling. In Aufstellungen kann man oft sehen, dass jemand im Mutterleib einen Zwilling hatte, der gestorben ist. Als es noch keinen Ultraschall gab, wusste man kaum etwas darüber, es sei denn, das Kind starb in einem sehr späten Stadium der Schwangerschaft. Indirekte Indikatoren waren plötzliche Blutungen, die aber in den meisten Fällen nicht damit in Zusammenhang gebracht wurden, dass dabei ein toter Embryo oder Fötus ausgeschieden wurde. Heute schätzt man, dass etwa 10 Prozent der Schwangerschaften Zwillingsschwangerschaften[4] sind.

Dieser Zwilling kann nur wenige Tage oder Wochen, aber auch mehrere Monate alt gewesen sein, als er starb. Manchmal finden sich sogar Gewebereste des verstorbenen Zwillings im Körper des überlebenden Kindes. Man kann sich unschwer vorstellen, dass einem Wesen, das mit einem anderen lebendigen Wesen, von dem es sich, da es noch kein Ich-Gefühl hat, nicht unterscheiden kann, gemeinsam heranwächst, etwas fehlt, wenn dieses plötzlich nicht mehr da ist oder sich nicht mehr bewegt. Wobei es wahrscheinlich einen großen Unterschied macht, wie lange der andere gelebt hat. Diese überlebenden Zwillinge haben oft das Gefühl, dass ihnen etwas fehlt, können nichts alleine tun oder haben keine Freude daran, sind auf der Suche nach einem Seelenpartner und streben in Beziehungen übermäßig stark nach Symbiose. Wenn die Beziehung das nicht erfüllt, sind sie enttäuscht und

4. Peter Bourquin & Carmen Cortés, Der allein gebliebene Zwilling, Innenwelt 2016. Alfred und Bettina Austermann, Das Drama im Mutterleib: Der verlorene Zwilling, 2009. Leider machen die Autoren keine Quellenangabe, sondern schreiben nur „nach neuesten Ultraschalluntersuchungen".

verlassen oder zerstören sie. Manchmal plagt sie auch ein unerklärliches Gefühl von Schuld, als ob sie ihr Leben auf Kosten des anderen bekommen hätten und damit an dessen Tod zumindest mitschuldig wären, und können das eigene Leben nicht ganz nehmen und genießen[5].

Die Kindheit - Gruppenbewusstsein

Mit der Geburt verlassen wir die Einheit und treten ein in die Zweiheit oder Dualität. Ich bin nicht mehr Teil der Mutter, nicht mehr *in* ihr, ungetrennt, sondern ich bin draußen und getrennt von ihr. Wir sind nicht mehr eins, wir sind zwei. Sie atmet nicht mehr für mich, isst und trinkt nicht mehr für mich und versorgt mich auch nicht mehr vollkommen automatisch. Ich muss - und kann - das alles jetzt selbst. Sie, die bisher meine natürliche und alternativlose Umgebung, meine ganze Welt war, ist jetzt gegenüber, jemand anders, jemand eigenes.

Konnte ich sie vorher nur mit gewissen Sinneseindrücken wahrnehmen oder spüren, ohne jede Ahnung

5. Wenn ich hier solche Symptome beispielhaft aufzähle, dann bedeutet dies nicht, dass ein Mensch, der eines dieser Symptome oder Gefühle hat, einen verlorenen Zwilling hatte. Symptome sind zwar Anzeichen, dass dies oder jenes gewesen sein könnte, aber sie können auch ganz andere Ursachen und Bedeutungen haben. Das gilt für alle Symptome, Gefühle, Überzeugungen, körperlichen oder Verhaltensmerkmale, die ich hier und im Folgenden erwähne: Sie erlauben nie einen direkten Rückschluss auf ein bestimmtes Ereignis, ebenso wie bestimmte Ereignisse nicht immer zu bestimmten Symptomen führen müssen. Leider denken viele Therapeuten (insbesondere auch viele Familienaufsteller) in solchen einfachen Ursache-Wirkungs-Kategorien, aber dafür ist das Leben viel zu komplex.

davon, dass es ein „sie“ oder ein „ich“ gibt, so kann ich sie jetzt anfassen, ertasten, riechen, hören und, wenn anfangs auch verschwommen, sehen. Und: War ich bis jetzt ihren Schwingungen und ihrem Sein vollkommen ausgeliefert, so bin ich jetzt eigenständig. Nicht selbstständig – das wird noch lange dauern –, aber eigenständig. Ein eigenes, von der Mutter (in diesem Sinne) unabhängiges Wesen. Am deutlichsten zeigt sich dies daran, dass das ungeborene Kind stirbt, wenn die Mutter stirbt (von den Möglichkeiten der modernen Medizin, ein Kind vor dem Tod der Mutter herauszuholen und in einem künstlichen Mutterleib (Brutkasten) am Leben zu erhalten, einmal abgesehen). Sobald wir geboren sind, müssen wir nicht mehr mitsterben, wenn die Mutter stirbt.

Das alles gilt zunächst nur für die körperliche Ebene. Seelisch sind wir noch lange nicht unabhängig, und bis die Zweiheit in das Bewusstsein des Kindes gedrungen ist, vergeht ebenfalls einige Zeit. Aber es muss jetzt lernen, sich zu äußern und, in einem rudimentären Sinne, sich auf andere zu beziehen. Es schreit, wenn es Hunger oder Schmerzen hat, und es erfährt eine Erwiderung zu seinen Äußerungen oder nicht.

Gab es vorher weder Bedürfnis noch Befriedigung, weder Hunger noch Sättigung, sondern nur Sein, so muss es jetzt lernen, nach und nach seine Bedürfnisse zu artikulieren und muss erfahren, dass sie nicht immer und vor allem nicht immer sofort befriedigt werden. Dies gilt umso mehr, als Menschenkinder sich nicht allein versorgen können. Zum bloßen Überleben sind wir auf andere angewiesen, je kleiner wir sind, umso mehr. Wir müssen also in Beziehung treten, und diese Beziehung ist nicht ein freier Austausch, sondern eine Beziehung in Abhängigkeit. Das Kind ist von anderen abhängig, die für sein Überleben, seine Sicherheit, seine Entwicklung und sein Wachstum sorgen. Üblicherweise übernehmen dies die Eltern, in erster Linie die Mutter, aber grundsätzlich können auch andere Personen an deren Stelle treten.

Ich möchte an dieser Stelle kurz ein paar Bemerkungen zur Bedeutung der Mutter einfügen, und zwar der leiblichen Mutter. Es gibt ja heute einen heftigen ideologischen Streit darüber, wie viel Mutter und wie viel Familie ein Kind braucht. Bei diesem Streit ist, dies sei vorweg gesagt, das Kind und dessen Wohl nur vorgeschoben. In Wahrheit geht es um etwas ganz anderes, nämlich um die „Befreiung" oder Gleichstellung der Frau und die Vereinbarkeit von Familie und Beruf für Frauen[6]. Das ist ein wichtiges, weites und sehr komplexes Thema, und ich gehe hier nicht näher darauf ein. Es muss aber festgehalten werden, dass dies die eigentliche Motivation ist, wenn es darum geht, Kleinkinder, die noch nicht sprechen und kaum laufen können, in Tagesstätten unterzubringen.[7] Wenn man jedoch nur oder in erster Linie auf das Kind schaut, spricht so gut wie nichts dafür, dass die leibliche Mutter und, in abgeschwächter Form, auch der Vater und die übrige Familie ohne negative Folgen für das Kind ohne weiteres ersetzbar wären. Ich könnte hier

6. Daneben spielen auch Selbstverwirklichungsansprüche eine gewisse Rolle (z. B. bei Adoptionen, insbesondere bei Adoptionen von gleichgeschlechtlichen Paaren).

hunderte Fälle aus meiner langjährigen Praxis aufführen, die diese Aussage stützen, möchte mich aber auf eine einzige Beobachtung beschränken.

In dem Moment, in dem wir diese Welt betreten, ist sie uns völlig fremd. Sie ist unermesslich weit und, im Vergleich zu dem Raum, in dem wir uns bis dahin aufgehalten haben, völlig grenzenlos. Alles, was wir wahrnehmen, ist vollkommen neu und unbekannt. Alles, bis auf eines: die Mutter. Die Mutter, in deren Leib wir herangewachsen sind, ist uns zutiefst vertraut. Wir kennen sie zwar nicht als Person, als Gegenüber, sondern eher wie etwas, was untrennbar zu uns zu gehören scheint. Denn das ist ja die Erfahrung, die das Kind in den ersten neun Monaten seiner Existenz gemacht hat: Ich und die Mutter sind eins. Mit der Geburt ist diese Einheit zwar vorbei, aber im Bewusstsein wirkt sie noch lange nach. Tatsächlich hört diese Nachwirkung nie auf, aber für den Säugling ist sie von überragender Bedeutung. Die Trennung, die mit der Geburt erfolgt, ist zunächst nur eine physische. Körperlich sind wir zwei, aber seelisch und geistig

7. Ab dem 1. August 2013 müssen in Deutschland flächendeckend für alle Kinder zwischen 1-3 Jahren Kindertagesstätten („Kita") vorgehalten werden. Auf Drängen der Konservativen (vor allem aus der CSU) hat die Bundesregierung beschlossen, als Ausgleich an Familien, die ihre Kleinkinder zu Hause betreuen wollen, ein „Betreuungsgeld" zu zahlen. Damit soll die Gleichwertigkeit der häuslichen Kinderbetreuung und -erziehung gegenüber der staatlichen dokumentiert werden. Seitdem tobt ein heftiger ideologischer Streit, in dem das Betreuungsgeld von den Verfechtern der Kita-Politik als „Herdprämie" abgewertet wird, während von der anderen Seite die Unterbringung in Kitas zwar nicht grundsätzlich in Frage gestellt, aber der Vorrang der elterlichen vor der staatlich organisierten Erziehung und Betreuung verteidigt wird.

ist es, als wären wir noch in der Einheit mit der Mutter.

Deshalb ist eine gelungene Bindung so wichtig. Ein guter und erfahrener Psychotherapeut braucht maximal fünf Minuten, um zu merken, ob jemand eine schwere Bindungsstörung hat oder nicht. In der Regel sieht man es sofort. Und Bindungsstörung bedeutet nicht nur, dass er keine gute Bindung zu seiner Mutter hat, sondern generell - je nach Schwere der Störung - Probleme hat oder unfähig ist, tiefere menschliche Bindungen einzugehen und zuzulassen. Eine solche Störung liegt immer dann vor, wenn das Kind sehr früh und/oder sehr lange oder dauernd von der Mutter getrennt war (bei kurzen Trennungen ist sie oft nur schwach ausgeprägt).

Es spielt dabei überhaupt keine Rolle, ob und wie liebevoll sich andere Personen um es gekümmert haben. Die Liebe von anderen, zum Beispiel von Adoptiveltern, kann dem Kind zwar eine gewisse Stabilität geben, aber tief im Innern bleibt die Wunde der Trennung, und in emotionalen Krisensituationen bricht diese Wunde wieder auf. Damit es gar nicht erst dazu kommt, entwickeln die meisten unbewusst Einstellungen und Verhaltensmuster, die verhindern sollen, dass solche Situationen (noch einmal) eintreten. Zum Beispiel meiden sie tiefe Bindungen. So mögen sie zwar heiraten und Kinder bekommen, lassen sich aber innerlich nicht wirklich darauf ein.

Die Geburt bedeutet für das Kind eine plötzliche Trennung von allem, was vorher da war. Abgesehen vom Tod ist keine Trennung im späteren Leben auch nur annähernd so radikal. Von einem zum anderen Moment ist alles neu, alles anders. Die Mutter als Person ist für das Kind quasi die Brücke zwischen der alten Welt seiner ersten Lebensstufe und der neuen Welt, die so unermesslich weit und vollkommen fremd ist, wenn da nicht die Mutter wäre. Das Bild des In-die-Welt-Geworfen-Seins, das die existentialistische Philosophie zeichnet, ist das Bild einer mutterlosen Welt. Wobei „mutterlos" bedeutet, dass der innere Kontakt, die Bindung zur Mutter, abgebrochen ist. Eine gelungene Mutterbindung hingegen bedeutet für das Neugeborene, dass die Welt weniger fremd, weniger kalt, sondern fast vertraut ist. Das Kind, das direkt nach der Geburt auf dem Bauch der Mutter liegt und an ihrer Brust trinken kann, fühlt den Bruch mit dem Vorher viel weniger als ein Kind, das von seiner Mutter getrennt wird und sie erst nach Stunden, Tagen oder Wochen oder vielleicht nie mehr sieht und spürt. Und da die Mutter vor der Geburt seine ganze Welt war, ist die Welt auch nachher vertrauter, wenn es mit der Mutter in sie hineinwachsen und sich dann Schritt für Schritt von ihr weg und in die Weite der neuen Welt hineinbewegen kann. Sowohl die Fähigkeit, im späteren Leben emotionale Bindungen einzugehen, als auch das Urvertrauen ins Leben hängen ganz stark mit der Mutterbindung zusammen.

Wie vorher bereits gesagt, besteht der wesentliche Unterschied der kindlichen Lebensstufe zur vorherigen wie auch zu den späteren Abschnitten unseres Lebens darin, dass das Kind auf andere – die Eltern oder jemanden, der deren Funktion übernimmt – angewiesen ist, um zu überleben und zu wachsen. Es kann sich nicht selbst versorgen, sein Leben hängt am Grad der Zuwendung der Eltern, der weiteren Familie und anderer Erwachsener. Es fühlt sich umso sicherer und kann umso mehr Vertrauen ins Leben entwickeln, je sicherer seine Umgebung ist, je vertrauter die Personen sind, die sich um es kümmern, je verlässlicher ihre Gegenwart, wenn es sie braucht. Am sichersten fühlt sich das Kind, wenn es sich geliebt fühlt und Mutter und Vater oder einer von beiden jederzeit für es da sind.

Das Kind lernt also, Wünsche und Bedürfnisse zu artikulieren, sich *an anderen* zu orientieren und nach ihnen zu richten. Das Kind ist nicht für sich verantwortlich! In der Welt des Kindes sind es die anderen, die alles richten, und es selbst muss sich nach diesen anderen richten. Denn an der Gruppe (Familie), zu der es gehört, hängt sein Leben. Aus dieser objektiven kindlichen Lebenssituation resultiert die wesentliche Eigenschaft des kindlichen Bewusstseins: Es ist ein Gruppenbewusstsein. Kinder erleben sich immer als Teil einer Gruppe (in der Regel ist das die Familie), als „zugehörig zu".

Das Ich kommt erst an zweiter Stelle. Es artikuliert sich zwar innerhalb der Familie sehr deutlich, aber nach außen tritt es - faktisch ebenso wie im Bewusstsein des Kindes - hinter das Wir zurück. An der Familie hängt sein Leben und daher kommt sie zuerst. Es sind die Eltern, die für das Wohl des Kindes zuständig und verantwortlich sind und die über sein Leben, sein Wohl und Wehe bestimmen, und es ist die Stabilität der Familie, also der Gruppe, zu der man gehört, die darüber entscheidet, ob ein Kind überleben, sich sicher fühlen und gut entwickeln kann. Ohne die Gruppe ist es verloren, als Teil einer intakten Gruppe ist es sicher.

Daher hat die Gruppe im kindlichen Bewusstsein immer Vorrang vor dem Einzelnen, daher opfert sich ein Kind für die Familie auf, daher braucht es das Gefühl dazuzugehören wie die Luft zum Atmen, und daher ist auch in Gesellschaften, deren kollektives Bewusstsein auf der zweiten Stufe ist, die Gruppe wichtiger als der Einzelne. Diese objektive Abhängigkeit wird aber vom Kind nicht gefühlt, solange es sich der Liebe seiner Eltern und der Zugehörigkeit zur Familie sicher sein kann. Im Gegenteil: Anstatt abhängig, fühlt sich das Kind dann geborgen. Seine Überlebensstrategie besteht daher darin, sich die Liebe der Eltern zu erhalten und überdies dafür zu sorgen, dass die Familie zusammen bleibt. Das mag seltsam erscheinen, denn was kann ein Kind schon tun, wenn sich seine Eltern nicht verstehen und scheiden lassen? Tatsächlich kann es kaum etwas tun, aber aus der Sicht des Kindes sieht dies anders aus. Streiten sich die Eltern vielleicht wegen ihm? War es nicht lieb genug? Ist es ihnen eine Last und kann es diese Last verringern, indem es seine Bedürfnisse zurückhält? Sollte es sich mehr um den Vater oder die Mutter kümmern? Braucht einer von ihnen vielleicht mehr Liebe, mehr Aufmerksamkeit? Nicht, dass Kleinkinder dies bewusst reflektieren, aber ihre Seele „denkt“ so.

Kinder spüren genau die Schwingungen in einer Familie, und sie reagieren darauf. Ohne es bewusst zu wissen, kümmern sie sich auf ihre kindliche Weise darum, dass es den Eltern so gut wie möglich geht. Einer der mächtigsten Sätze in der Therapie lautet: „Mama (Papa), ich gebe alles dafür, dass es dir gut geht." Manchmal kann man noch hinzufügen: „und wenn es mich das Leben kostet". Dieser Satz ist so mächtig, weil er wahr ist, weil er das tiefste kindliche Bedürfnis, den tiefsten Kindeswunsch in uns, zum Ausdruck bringt. Darüberhinaus versöhnt er uns mit uns selbst wie mit den Eltern, weil er uns mit unserer ursprünglichen Liebe verbindet. So ist er auch der Beginn einer umfassenden Heilung unserer Kinderseele. Ohne diese Heilung können wir seelisch nicht erwachsen werden.

Wie wahr dieser Satz ist und wie gut er wirkt, durfte ich einmal am eigenen Leib erfahren. Meine Mutter, die mit mir und meiner Familie in einem Haus (aber in einer separaten Wohnung) wohnte, litt Ende der neunziger Jahre für längere Zeit unter extremen Schmerzen: Wenn die Attacken ganz heftig waren, konnte sie allein nicht mehr essen und trinken und kaum sprechen. Dies kam damals zeitweise mehrmals am Tag vor. Ich konnte sie durch diese Attacken hindurch begleiten, alle anderen waren damit überfordert. Wenn ich auf Reisen war, war meine Frau damit allein und wusste sich nicht mehr zu helfen. Das belastete auch unsere Beziehung, und ich habe Bert Hellinger angerufen und ihn gefragt, ob er einen Rat hätte. Hellinger ist der Begründer des Familienstellens und war mir damals ein geistiger

Mentor und Freund. „Ach“, sagte er ganz freundlich und lapidar, „sage ihr einfach: ‚Mama, für dich tue ich alles, ganz egal, was es mich kostet.‘“

Mein erster Gedanke war: „Nein, ich lasse doch nicht meine Familie kaputtgehen wegen meiner Mutter!“ Ich glaube, nur weil es der von mir hoch geschätzte Bert Hellinger war, habe ich nicht protestiert, sondern mich bedankt und aufgelegt. Ich habe den Satz aufgenommen und auf mich wirken lassen, auch wenn er mir im ersten Moment absurd vorkam. Sehr bald dämmerte mir, was ich heute weiß: Hellinger hatte das ausgesprochen, was das Kind in mir fühlte, der Satz war ein Satz aus meiner Kinderseele, und für die stimmte er hundert Prozent.

Ich erinnerte mich an Szenen aus meiner Kindheit, wo ich die Traurigkeit meiner Mutter spürte oder wo sie überlastet war und fühlte in nie gekannter Deutlichkeit, dass ich damals wirklich alles dafür gegeben hätte, wenn ich sie hätte glücklich machen können. Sie war keineswegs eine unglückliche Frau, sie hat viel gesungen und gelacht, aber der Tod ihrer beiden Brüder gegen Kriegsende und der ihrer Mutter wenig später war in meiner Kindheit noch nicht lange her, und das spürte ich manchmal instinktiv. Mit dem Eingeständnis dieses Kindeswunsches fühlte ich aber auch die Vergeblichkeit aller Bemühungen, sie glücklich zu machen, die totale Hilflosigkeit meiner kindlichen Liebe, und das tat sehr, sehr weh. Es war ein heilsamer Schmerz, er machte mir klar, dass ich auf diesen Wunsch verzichten musste.

Die Auflehnung gegen Hellingers Satz, das Nein, kam hingegen aus meinem erwachsenen Selbst. Hier wusste ich sehr klar, dass meine Familie für mich vorging. Beide

Aussagen stimmten also. Aber der Kindeswunsch war mir bis dahin kaum bewusst gewesen, und anstatt den Schmerz meiner kindlichen Ohnmacht zu fühlen und zu durchleiden, war ich mit meiner Mutter zu jedem Arzt oder Heiler gefahren, von dem ich mir Hilfe versprach. Erst mit diesem Satz begann ich zu fühlen, dass hinter meinen Bemühungen auch ein kleiner Junge steckte, dem das Wohlergehen seiner Mama über alles ging, und der zugleich ihr gegenüber eine Vaterrolle einnahm und ihr sagte, was sie tun soll. In der Folgezeit veränderte sich sowohl mein Umgang mit den Schmerzen meiner Mutter als auch meine Haltung ihr gegenüber insgesamt. Einige Zeit später fand sie selbst einen Weg, die Schmerzen zu überwinden, was vorher trotz aller Bemühungen meinerseits mit Kliniken wie auch alternativen Heilern schier unmöglich erschienen war.

Das hat meine Sensibilität für diese kindlichen Anteile in uns sehr geschärft, und ich halte meine Klienten oft dazu an, diesem kindlichen Wunsch in sich nachzuspüren. In den meisten Fällen verbirgt er sich nämlich hinter ganz erwachsenen Aktivitäten. Erst indem man den Kindersatz ausspricht und seine Rationalisierungen für eine Weile beiseite lässt, kommt er ganz ans Licht. So berichtete mir eine Frau, dass sie, nachdem ich ihr in einer Sitzung einen ähnlichen Satz in Bezug auf ihren Vater gesagt hatte, auf dem Nachhauseweg im Auto plötzlich ganz laut und heftig zu weinen begonnen habe. „Ich konnte nichts dagegen machen, es kam plötzlich wie Presswehen, ich habe geheult und laut geschrien. Heute fühlt es sich so an, als habe sich in meinem Bauch ein jahrzehntealter Krampf gelöst, und mit meinem Vater kann ich jetzt viel leichter umgehen."

Ebenso wie die Sehnsucht nach Einheit bleibt uns auch das kindliche Bewusstsein weit über die Kindheit hinaus erhalten. Wir fühlen uns wohl, wenn wir das Gefühl haben, in einer Gruppe ganz dazu zu gehören, und leiten meistens auch einen Teil unserer Identität aus unserer Gruppenzugehörigkeit ab. Und wenn wir Enttäuschungen, Schmerzen oder Verluste erleiden, neigen wir mehr oder weniger dazu, die Schuld und Verantwortung dafür bei anderen zu suchen. Allgemein gesprochen: Wir verhalten uns oft so, als wären wir noch in der kindlichen Lebensphase, wo wir tatsächlich darauf angewiesen waren, dass die Eltern es für uns richten. Im Innern schreiben wir Wunschzettel, und wenn sich das Leben nicht danach richtet, fühlen und verhalten wir uns wie enttäuschte Kinder.

Die Jugend – Ich-Bewusstsein

Mit der Pubertät bricht etwas Neues in unser Leben. Die Geschlechtsreife konfrontiert uns nicht nur mit der Urgewalt der Sexualität (die nicht mit der durchaus vorhandenen kindlichen Sexualität zu vergleichen ist), sondern beschert uns insgesamt eine neue Lebenssituation: Es ruft uns von den Eltern und der Familie weg, es ruft uns zum anderen Geschlecht und darüberhinaus in die weite Welt. Die Familie war für das Kind auf der emotionalen Ebene das Gleiche wie für das Ungeborene der

Mutterleib – eine schützende Hülle, in der wir uns bis zu einer gewissen Reife entwickeln können. Die erste Hülle, der Mutterleib, ist physisch; die zweite, die Familie, ist psychisch. Die Familie ist für das Kind wie ein emotionaler Mutterleib.

Zunächst wachsen wir körperlich in der Mutter so weit, bis wir selbst atmen und Nahrung aufnehmen können, dann wachsen wir in der Familie geistig und emotional so weit, bis wir auch in dieser Hinsicht grundsätzlich für uns selbst sorgen können. Am Ende dieser Reifungsprozesse steht immer der Abschied vom Bisherigen und der Eintritt in etwas Neues, Unbekanntes. Wie der Säugling aber die Mutter auch nach der Geburt noch als Nahrungsquelle braucht, so braucht der Teenager seine Familie ebenfalls noch eine Weile als emotionale Stütze. Aber der Ruf des Lebens zieht ihn von der Familie weg, und so steht er mit einem Bein schon draußen, während das andere noch drin ist. Jetzt *fühlen* wir die Abhängigkeit! Jetzt ist sie uns ein Klotz am Bein. Und zwar fühlen wir sie deshalb, weil uns das Leben hinaus ruft, weg von der Familie, wir aber noch nicht in der Lage sind, dem Ruf ganz und allein zu folgen. Weder sind wir ökonomisch und rechtlich dazu in der Lage, noch seelisch reif dafür.[8]

8. Daher geht das Vorhaben einiger politischer Parteien in Deutschland (besonders Grüne und SPD), das Wahlalter auf 16 Jahre zu senken, an der Lebenswirklichkeit von Jugendlichen vorbei. Sie gehen noch zur Schule, sind von den Eltern abhängig, tragen kaum persönliche Verantwortung, sollen aber mitbestimmen, wer das Land regiert. Das ist erstens eine Überforderung der Jugendlichen und zweitens (von den dahinter stehenden wahltaktischen Überlegungen abgesehen) eine Anbiederung der sich jugendlich gebenden Parteien an die wirklichen Jugendlichen.

Daher wird das, was für das Kind noch wohlige Geborgenheit bedeutete, für den Jugendlichen lästige und peinliche Abhängigkeit. Meinen Söhnen war es in dieser Zeit „voll peinlich", in der Öffentlichkeit, besonders unter ihresgleichen, mit ihrer Mutter gesehen zu werden. Wo sich dies nicht vermeiden ließ, mussten sie cool ihre Eigenständigkeit und einen gewissen Abstand demonstrieren. Andererseits braucht man die Eltern aber noch. Erstens natürlich finanziell, zweitens, wenn dies auch die wenigsten in diesem Alter zugeben, emotional und als Ratgeber in schwierigen Situationen.

Hier ist das Vertrauen, das vor, während und nach der Geburt grundlegend aufgebaut und dann in der weiteren Kindheit gefestigt wurde, eine wesentliche Voraussetzung dafür, dass der Jugendliche in dieser schwierigen Übergangszeit das Gefühl hat, sich auf die Eltern verlassen und sich ihnen anvertrauen zu können, wenn er in Not ist. Ebenso wichtig ist jedoch, dass er nicht alles mit den Eltern bespricht und ihnen nicht alles erzählt, was er erlebt und was ihn innerlich bewegt, denn er ist kein Kind mehr und muss lernen, seine eigenen Antworten zu finden. Das Werben von Eltern oder anderen Erwachsenen um das Vertrauen der Jugendlichen muss daher einhergehen damit, dass man ihnen vertraut; dass man ihnen zutraut, ihre eigenen Antworten zu finden, und dass man vertraut, dass sie aus ihren „Fehlern" lernen.

Tatsächlich reicht es vollkommen, wenn Eltern ihren heranwachsenden Kindern vermitteln: Wenn du mich brauchst, bin ich für dich da, ansonsten lasse ich dich.

In der neuen Welt, die wir als Jugendliche sukzessive betreten, gelten die Werte des Elternhauses nur noch teilweise, wenn überhaupt. In nicht geringem Maße wird man mit dem Gegenteil dessen konfrontiert, was in der Kindheit selbstverständlich und richtig war.[9]

Das bedeutet, dass man dem Weg der Eltern nicht mehr ohne weiteres folgen kann und selbst danach suchen muss, was für einen richtig und falsch ist. Dies gilt für die moderne Gesellschaft, in traditionellen Gesellschaften war und ist dies anders, weil dort die Homogenität viel größer ist. Der Sohn des Zimmermanns wurde Zimmermann, sein Bruder lernte vielleicht ein anderes Handwerk, und beide heirateten die Tochter eines Handwerkers. Heute werden sie - oder sollen es werden - Bankangestellter, Lehrer, Arzt oder Jurist und heiraten vielleicht die Tochter eines chinesischen Parteifunktionärs, die in England Ökonomie studiert hat. Oder sie entdecken, dass sie schwul oder lesbisch sind und heiraten als Mann einen Mann oder als Frau eine Frau, anstatt ihre Neigung (vielleicht sogar vor sich selbst) zu verheimlichen, wie es früher üblich war.

Die Welt, die ein Jugendlicher betritt, ist in jedem Fall eine andere als die seiner Vorfahren, und deshalb muss er sich auf eine viel umfassendere Weise als früher von diesen absetzen und trennen. Um sich in seiner künftigen Welt orientieren zu können, muss er nach sich selbst suchen, seine Fähigkeiten, Talente, Bedürfnisse und Wünsche entdecken und schauen, was er aus seinem

9. Das gilt besonders krass für Kinder aus Migrantenfamilien, wenn diese aus vormodernen Milieus stammen.

Leben machen kann. Die Eltern braucht er dabei als Stütze, aber zugleich sind sie ihm oft hinderlich, denn am Ende wird er ohne sie allein in seiner Welt stehen, die ganz anders ist, als es die ihre noch war.

Die Jugend ist die Zeit der Entfernung von der Familie, des Verlustes kindlicher Gewissheiten und Sicherheiten, der Trennung vom Alten und der Suche nach etwas Neuem, vor allem auch der Suche nach sich selbst. Die Frage „Wer bin ich?“, die oft als große spirituelle Frage angesehen wird, ist zunächst einmal die Frage der Jugend. Wer bin ich, wenn ich nicht mehr der Sohn oder die Tochter von xy bin? Oder: Wer bin ich außerdem noch? Wie soll ich leben, was will ich werden, woran glaube ich? Alles in allem ist die Jugend eine sehr fragile Zeit, in der wir weder hier noch dort, weder Kind noch erwachsen sind. Emotional ist der Jugendliche noch ein Kind, zugleich will und kann er es aber nicht mehr sein. Wir wissen nicht mehr, wo wir wirklich hingehören, und fühlen uns recht allein, ohne jedoch dieses Alleinsein ganz annehmen zu können. In dem Moment, wo man dies täte, wäre man nämlich erwachsen.

Das Bewusstsein, das hier entsteht und zur Jugend gehört, ist das Ich-Bewusstsein. Es muss sich abgrenzen, vor allem vom Alten, und ist auf sich allein gestellt, ohne klare Orientierung, ohne klares Wissen, ohne klare Zugehörigkeit. An die Stelle der einen, naturgegebenen und alternativlosen Zugehörigkeit zur Familie treten ganz viele (zumindest potentiell), an die Stelle der relativ eindeutigen Orientierung der Kindheit tritt eine fast völlige Beliebigkeit von möglichen Orientierungen. Um uns zu schützen, geben wir uns cool, obwohl wir innerlich ganz unsicher und auch ziemlich „heiß“ sind; wir machen uns und anderen vor, zu wissen, obwohl uns das wirkliche Leben noch kaum berührt hat, und so weiter.

Eines der bekanntesten Lieder des Musikerduos *Rosenstolz* bringt dies sehr schön zum Ausdruck. Leider kann ich hier nur den Text (ich beschränke mich auf die ersten beiden Strophen) wiedergeben, wenn man dazu noch die mal kindlich-verletzliche, mal (vor allem im Refrain) jugendlich-rotzig-trotzige Stimme der Sängerin AnNa R. hört, kann man das ebenso aufbegehrende wie gebrochene Jugendbewusstsein wunderbar spüren. Das Lied heißt *„Ich bin ich (Wir sind wir)“*, ist auf der CD *„Das große Leben“* erschienen und geht so:

Gehör ich hier denn noch dazu
Oder bin ich längst schon draußen
Zeit nimmt sich den nächsten Flug
Hab versucht ihr nachzulaufen

Bin doch gestern erst geborn
Und seit kurzem kann ich gehn
Hab mein Gleichgewicht verlorn
Doch kann trotzdem grade stehn
In meinem Kopf ist so viel Wut
Gestern Nacht konnt ich nicht schlafen
Dass du da warst tat mir gut
Bitte stell jetzt keine Fragen
Denn ich würde nur bereun
Hätt ich mich an dir verbogen

War bestimmt nicht immer treu
Doch ich hab dich nie betrogen

Das bin ich
Das bin ich
Das allein ist meine Schuld
Das bin ich
Das bin ich
Das bin ich
Das allein ist meine Schuld (...)

Erwachsensein – Selbst-Bewusstsein

> Die faktische Geburt ist lediglich der Anfang der Geburt in einem weiteren Sinne. Vollständig geboren (...) ist man paradoxerweise erst, wenn man ganz erwachsen ist, ganz gereift: nicht abhängig von den Eltern, sondern ganz auf eigenen Füßen, nicht geschützt vor der Umwelt durch irgendein Dazwischen, sondern ihr nackt ausgesetzt. Erst wenn dieser Zustand erreicht ist, hat sich die Geburt vollendet.
>
> Wolfgang Giegerich[10]

Der erwachsene Mensch ist allein. An dieser Tatsache ändert sich nichts dadurch, dass er vielleicht in einer Beziehung lebt, verheiratet ist und Kinder, also eine neue

10. The End of Meaning and the Birth of Man, in: The Soul Always Thinks, New Orleans 2010, S. 211. Übersetzung W.N.

Familie, hat, vielfältige Kontakte außerhalb seiner Familie oder sich einer Gruppe anschließt, zu der er sich als zugehörig empfindet. Auch wenn er mit vielen verbunden ist: Er ist trotzdem allein.

Sein Alleinsein ist keine soziale Angelegenheit, sondern etwas Inneres, etwas, das sein Erwachsensein ausmacht. Ob er sich bindet oder nicht, liegt an ihm selbst. An unsere Herkunftsfamilie sind wir gebunden und gehören ihr an, ob wir wollen oder nicht. Wir hatten nie eine andere Wahl. Ob wir uns jedoch an eine Frau oder einen Mann binden, ob wir heiraten oder uns trennen, entscheiden wir ganz allein. Auch in einer Beziehung, auch in einer tiefen Bindung bleiben wir innerlich allein. Was sich da verbindet und bindet, sind zwei Alleinheiten. Jeder tiefe Konflikt in einer Beziehung bringt dies zutage. Genau deshalb sind solche Konflikte so wichtig: Sie helfen uns, unser Alleinsein zu erkennen. Sie ent-täuschen unsere heimliche Hoffnung, die Zugehörigkeit zum Partner sei genauso selbstverständlich wie die zu unserer alten Familie, er sei genauso selbstverständlich und alternativlos für uns da wie unsere Mutter. Wenn wir diese Enttäuschungen als das nehmen, was sie sind, nämlich die notwendige Auflösung von Illusionen, helfen sie uns, wirklich erwachsen zu werden.

Das Leben hat den erwachsenen Menschen aus den schützenden und nährenden Blasen des Mutterleibes und der Familie in die unendliche Weite der Welt entlassen, wo er für sich allein sorgen und entscheiden muss und dies, anders als ein Kind oder ein Jugendlicher, auch kann. Wenn er wirklich erwachsen ist, weiß er das und stimmt dem zu. Er entscheidet und sorgt für sich selbst, erwartet nicht, dass andere für ihn da sind und seine Angelegenheiten regeln, und macht andere nicht für sich verantwortlich. Das gilt auch für seine Beziehungen, seien sie geschäftlicher, freundschaftlicher oder intimer Art – er erwartet nicht vom anderen, dass er oder sie ihn glücklich macht oder in irgendeiner Weise für ihn und sein Leben verantwortlich ist. Er weiß, dass er selbst wie der andere für sich selbst einstehen muss und dass Beziehungen ein Austausch sind, bei dem beide schauen müssen, dass und wie dieser Austausch funktioniert, wobei er jeweils nur für seinen eigenen Anteil zuständig und überdies frei ist, die Beziehung aufzugeben.

Er hat seine Herkunftsfamilie verlassen und weiß, dass sie ihm nichts mehr schuldet. Was ihm gegeben wurde, hat er – im Guten wie im Schlechten – genommen. Das Vergangene, alles, was war, nimmt er mit und lässt es zugleich vorbei sein, um sich ganz dem zuzuwenden, was das Leben jetzt von ihm fordert. Seine Orientierung kommt nicht mehr von außen und aus der Vergangenheit, aus dem, was andere ihm sagen oder gesagt haben oder was er selbst erlebt hat, sondern von innen und aus der Gegenwart, der in jedem Moment neuen und frischen Begegnung mit der Wirklichkeit, wie sie ihm gerade entgegentritt. In dieser sich immer wieder erneuernden Begegnung entsteht aus dem Alleinsein ein Gefühl und eine Erfahrung der Verbundenheit mit allem, ein Eintauchen ins Leben selbst, ein Heimisch werden in der Welt, wie sie ist. Denn die Welt antwortet in jedem

Moment auf sein Handeln, und indem er diese Antwort wahrnimmt (das heißt auch: als etwas Wahres nimmt) und aufnimmt und wiederum unmittelbar zurück antwortet, ist er mit allem verbunden, was gerade ist.

Zugleich ist er jetzt zum ersten Mal wirklich und im wahrsten Sinne des Wortes verantwortlich - nicht im Sinne von Pflichterfüllung (das ist ein kindliches Verantwortungsverständnis), sondern im Sinne eines wachen, spontanen Antwortens auf die jeweilige Situation.

Daher ist das erwachsene Bewusstsein ein Selbst-Bewusstsein, das sich - im Unterschied zum Ich-Bewusstsein, das allein und verloren in einer kalten, sinnentleerten Welt steht, in der und gegen die es sich behaupten muss - zugleich allein und verbunden weiß, zugleich auch selbst verantwortlich und getragen. Es ist gelassen auch da, wo man nichts weiß.

Anstatt aus Überlieferung und Erfahrung schöpft es aus dem jeweiligen Augenblick. Die Erfahrung hilft dem Erwachsenen, aber sie leitet und beherrscht ihn nicht; sein Wissen und sein Verstand dienen ihm, sind aber nicht sein Maßstab. Denn all dies kommt aus der Vergangenheit. Als Bert Hellinger einmal in einem Kurs gefragt wurde, woher er die für alle spürbare große Gelassenheit und Sicherheit nehme, mit der er spreche und handle, antwortete er: „Aus dem Augenblick". Auf die Nachfrage, woher er denn dann wisse, ob das, was er sagt und tut, richtig sei, sagte er: „Der nächste Augenblick zeigt es." Das ist erwachsenes oder Selbst-Bewusstsein.

Ich nenne es Selbst-Bewusstsein, weil wir in dieser Haltung und diesem Lebensgefühl bei uns selbst angekommen sind. Wir schauen und schielen nicht mehr nach anderen. Es mag uns zwar nicht gleichgültig sein, was andere, insbesondere unsere Nächsten und Liebsten, von uns denken, aber wir richten uns nicht mehr danach. Wir opponieren auch nicht dagegen, auch nicht heimlich, auch nicht in unseren Gedanken. Ebenso wenig stören wir uns daran, was andere tun. Selbst dann, wenn dies unser Leben massiv beeinflusst – zum Beispiel im Beruf, bei politischen Vorgängen, beim Verhalten unserer Lebenspartner – schauen wir nicht nach den anderen und deren Motiven oder Fehlern, sondern auf uns selbst: Was macht das mit mir? Macht es mich traurig, wütend, ängstigt es mich? Wie gehe ich damit um, mit meiner Trauer, meiner Wut, meiner Angst? Kann ich sehen, dass es *meine* Wut ist, kann ich sie ganz zu mir nehmen und als mein Eigenes bei mir lassen? Als Erwachsener, wenn ich im Selbst-Bewusstsein bin, kann ich das! Wenn ich sie ganz da sein lasse, sie ganz als mein Eigenes nehme und nicht aus der Angst, der Trauer oder der Wut heraus reagiere, werden sie sich verwandeln in selbständiges Handeln.

Selbst-Bewusstsein ist etwas ganz anderes als das, was üblicherweise unter Selbstbewusstsein verstanden wird. Letzteres ist nichts anderes als ein starkes Ich-Bewusstsein. Um die beiden Begriffsverständnisse zu unterscheiden, verwende ich unterschiedliche Schreibweisen: „Selbst-Bewusstsein" für das erwachsene Bewusstsein und „Selbstbewusstsein" für die Eigenschaft eines starken Ich-Bewusstseins. Dieses Selbstbewusstsein nährt sich von außen, zum Beispiel aus physischer Stärke, hohem Bildungsabschluss, finanziellem Erfolg, hohem gesellschaftlichem Status, Bekanntheit oder Berühmtheit, Herkunft aus einer „guten“ (sprich: wohlhabenden und/oder gebildeten und angesehenen) Familie und ähnlichen Dingen, die einen gegenüber anderen herausheben und einem eine gewisse Sicherheit geben. Es hat immer mit Macht zu tun und funktioniert nur in sozialen Zusammenhängen, in denen diese Macht und ihre jeweilige Quelle etwas zählen. Sobald ein in diesem Sinne selbstbewusster Mensch sich in einer Situation wiederfindet, in der sein Status und seine Macht nicht anerkannt werden, bricht sein Selbstbewusstsein in sich zusammen.

Das gilt nicht nur für ein oberflächliches Selbstbewusstsein, das auf Geld oder Berühmtheit basiert, sondern auch für so genannte „starke Persönlichkeiten“. Erst wenn diese Stärke nicht mehr von sozialer Anerkennung abhängt, sondern in einem tiefen Einverständnis mit seinem inneren Alleinsein wurzelt, das unabhängig ist von Status und Erfolg, von Anerkennung und Zugehörigkeit, haben wir es mit einem Bewusstsein zu tun, das sich seiner selbst als erwachsener Mensch bewusst ist.

3. Kapitel

DER EINZELNE UND DAS ALLGEMEINE (KOLLEKTIVE) BEWUSSTSEIN

Diese Beschreibung des erwachsenen Bewusstseins ist keine Soll-Beschreibung. Sie orientiert sich nicht an Vorstellungen des Erwachsenseins, sondern an der Wirklichkeit. Allerdings nicht an der empirischen Wirklichkeit. Empirisch sind nur wenige im beschriebenen Sinne erwachsen, empirisch dominiert in dieser Welt entweder immer noch das kindliche oder das jugendliche Bewusstsein. Wir dünken uns wohl erwachsen, hier und da verhalten wir uns auch so, aber im Großen und Ganzen fühlen und benehmen wir uns wie Kinder oder Jugendliche – vor allem dann, wenn uns etwas emotional trifft.

Die moderne Gesellschaft ist eine Jugendgesellschaft, ihr Bewusstsein ist ein Jugendbewusstsein. Es kämpft immer noch um die Ablösung von den Eltern, sprich: der Tradition, ist stolz auf diesen Kampf und seine Errungenschaften, verteidigt sie verbissen nach allen Seiten (und nicht nur gegen die Gestrigen) und vergisst darüber, weiterzugehen und ganz erwachsen zu werden. Die Jugend ist ihr Heiliger Gral. Der kulturelle Graben verläuft zwischen Betreuungsgeld und Kita, zwischen einem verlogenen Festhalten an alten Werten, die ihre Verteidiger persönlich längst nicht mehr leben, und einem Kampf um persönliche Freiheit, die längst existiert, aber nicht wirklich genommen und gelebt wird außer in einem immer mehr ausufernden Party-, Event- und Erlebnisrausch. Auch die so genannte spirituelle Szene, die sich das Wachstum des Bewusstseins auf ihre Fahnen geschrieben hat, pendelt weitgehend zwischen kindlich-esoterischen Vorstellungen einerseits und dem Sammeln aufregender innerer Erfahrungen andererseits. Ein erwachsenes, ein Selbst-Bewusstsein ist im Ich-Taumel dieser Jugendkultur nur selten zu finden.

Wenn ich sage, ich orientiere mich an der Wirklichkeit, meine ich vielmehr die tatsächlich vorliegenden Lebensbedingungen, in denen sich ein Kind, ein Jugendlicher und ein Erwachsener bewegen. An diesen Lebensbedingungen kann man ablesen, was für ein Kind, einen Jugendlichen und einen Erwachsenen jeweils gemäß ist, was seiner Erfahrungswelt und den Anforderungen, die das Leben an ihn stellt, entspricht. Ebenso wie es die Lebenswirklichkeit eines Kindes ist, dass es (hauptsächlich von den Eltern) abhängig ist, und die des Jugendlichen, dass er eine gewisse Unabhängigkeit von den Eltern braucht (und sich notfalls erkämpfen muss), um seinen eigenen Weg ins Leben zu finden, so ist es die Lebenswirklichkeit des Erwachsenen, dass er seine Herkunftsfamilie zurückgelassen und sich auf das Leben eingelassen hat, wie er es vorfindet, und zwar ohne zu wissen, ob und wie er sich darin zurechtfinden wird.

Was das Kind in seiner spezifisch kindlichen Realität braucht, ist ein gutes Wir-Gefühl, ein Gefühl der festen Zugehörigkeit zu seiner Familie. Dann ist seine Abhängigkeit kein Problem, denn es fühlt sich sicher und geborgen in der Liebe seiner Eltern. Der Jugendliche hingegen muss ein möglichst starkes Ich-Gefühl entwickeln, um sich sowohl von seiner Herkunft abgrenzen als auch in der weiteren Welt, in die er hineinwächst, behaupten zu können. Beim Erwachsenen wird aus dem Ich-Gefühl, das sich immer in Konkurrenz und Abgrenzung zu anderen behaupten muss, ein Selbst-Gefühl, das sich seiner selbst bewusst ist und daher den Kampf mit anderen nicht mehr braucht. Im Selbst-Bewusstsein hat ein erwachsener Mensch zu seinem erwachsenen Sein und damit zu sich selbst gefunden – ebenso wie ein Kind im kindlichen Wir-Bewusstsein bei sich selbst als Kind ist.

Die traditionelle Gesellschaft: Erwachsensein als Rollenspiel

Geschichtlich und empirisch-faktisch ist das Selbst-Bewusstsein und damit auch ein wirkliches Erwachsensein eine seltene Ausnahme. Erwachsensein wurde (und wird) als Rollenspiel gelebt, das einer kindlichen Vorstellung der Erwachsenenrolle entstammt. Daher rührt auch die Vorstellung, das Erwachsensein sei etwas sehr Ernstes, in dem es keinen Platz mehr für Lachen und Späße und andere Leichtigkeiten gebe oder es gar generell nicht angemessen sei, als Erwachsener – vor allem als erwachsener Mann – Gefühle zu zeigen.

Das entspringt einer kindlichen Sicht der Erwachsenenwelt, so erleben uns die Kinder, und zwar umso mehr, je mehr wir dieser Idee der Erwachsenenrolle zu entsprechen versuchen. Sehr deutlich kann man dies sehen, wenn man sich Fotos aus dem 19. und frühen 20. Jahrhundert anschaut. Die Erwachsenen tragen ihre Erwachsenenrolle wie eine Uniform, kleiden sich entsprechend, schauen immer ernst und nehmen eine ganz bestimmte Haltung ein. Alles macht den Eindruck einer Inszenierung, die einem unsichtbaren Skript folgt, in dem die Rolle klar beschrieben ist. Tatsächlich *ist es* eine Inszenierung - nicht nur für den Fotografen, sondern auch für sich selbst und die jeweilige soziale Umgebung.

Dass dies so ist, liegt daran, dass sich das allgemeine oder kollektive Menschheitsbewusstsein in früheren Jahrhunderten noch ganz und fast ungebrochen auf der kindlichen Stufe befand. Daher konnten sich die Menschen das erwachsene Bewusstsein nur *vorstellen* und dann als Rolle *spielen*. Die Erwachsenenrolle war - und ist überwiegend auch heute noch - eine Projektion des kindlichen Bewusstseins. In der traditionellen Gesellschaft stand mehr oder weniger fest, wie ein Erwachsener einer bestimmten Schicht zu leben habe - was er zu glauben, wie er sich zu kleiden und auch wie er oder sie zu fühlen, zu denken und sich zu verhalten habe. Vor hundert Jahren wäre es völlig undenkbar gewesen, dass ein Professor in Jeans und T-Shirt einen Vortrag hält - ganz abgesehen davon, dass es solche Kleider damals noch nicht gab. Es gab sie auch deshalb nicht, weil kein Erwachsener so etwas getragen hätte, noch nicht einmal in der Freizeit. Es passte nicht zur Erwachsenenrolle. Erwachsensein war eine klar umschriebene Rolle, der man ab einem gewissen Alter zu entsprechen hatte. Sie konnte auch klar umschrieben werden, weil sich das

Leben über Generationen hinweg so gut wie nicht änderte. Um erwachsen zu werden, bedurfte es keiner inneren Entwicklung, man schlüpfte vielmehr (natürlich unter der Anleitung der bereits „Erwachsenen") in diesen festgeschriebenen Status hinein, füllte die entsprechende Rolle aus und identifizierte sich total damit. Gerade weil es keine innere Leistung war, kein inneres Wachstum, das vielfältigen Gefährdungen ausgesetzt ist, nichts, das man erst an sich erfahren und sich mit den entsprechenden inneren Kämpfen aneignen musste, sondern etwas, das immer schon feststand und dem man nur entsprechen musste und womit man sich blind identifizierte, erscheint diese alte Erwachsenenrolle so klar und fest.

Das sah und sieht alles sehr erwachsen aus - ernsthaft, honorig, pflichtbewusst, etc. –, innerlich jedoch blieben (bleiben) diese Menschen kindlich - Kinder, die Erwachsene spielen, ohne zu wissen, dass sie es nur spielen. Besonders deutlich wird dieses Kindliche, wenn man sieht, mit welcher Begeisterung man immer wieder in den Krieg zog oder wie man über andere, die nicht der eigenen Gruppe angehörten, dachte und wie man sie behandelte. Wenn man heute Bilder aus den blutigen Kämpfen in Libyen oder Syrien sieht, wo Soldaten oder Rebellen in Jubelpose auf Panzern stehen oder mit Maschinenpistolen in die Luft ballern, während sie vor rauchenden Trümmern stehen, ist es das Gleiche: Kinder!

Ganz selten ragte mal ein einzelner aus diesem kindlichen Bewusstsein heraus, aber diese herausragenden Einzelnen konnten das allgemeine Bewusstsein nicht auf eine erwachsene Stufe heben. Die meisten lebten denn auch recht einsiedlerisch und waren zu Lebzeiten nicht Teil ihrer jeweiligen Gesellschaft. Die Masse scherte sich nicht um sie. Sie hatten vielleicht ein paar Schüler, aber wenn deren zu viele wurden oder sie zu einflussreich zu werden drohten, wurden sie, wie Jesus oder Sokrates, getötet. Ihr eigenes Bewusstsein mag einsame Höhen erreicht haben und ihre Wirkung mag, wie bei Buddha und Jesus und Mohammed, historisch gewaltig gewesen sein, aber aus Buddha wurde der Buddhismus, aus Jesus das Christentum und aus Mohammed der Islam. Ihre Lehren gingen im Gruppenbewusstsein auf, in der Anbetung ihrer Person und im Nachbeten ihrer Worte. Ihre Nachfolger und Gläubigen folgten ihnen, wie gehorsame oder respektvolle Kinder ihren Eltern folgen.

Die großen Philosophen auf der anderen Seite, seien es die des Altertums oder die der Neuzeit, berührten mit ihren abstrakten Gedankengängen allenfalls ein paar Denker in ihrem Denken, aber kaum das wirkliche Bewusstsein ihrer Zeit. Und die Künstler, die ihrer Zeit voraus waren und das Neue in ihrer Kunst vorwegnahmen, blieben meist völlige Außenseiter, deren Werk erst von der Nachwelt ganz allmählich verstanden wurde und die persönlich sehr gelitten haben. Das ist nicht als Kritik gemeint. Ohne das Wirken dieser großen Menschen – oder auch nur großen Denker – hätte sich das allgemeine Bewusstsein nicht entwickeln können. Aber auch sie sind, wie alle anderen, nur kleine Werkzeuge, deren sich das Ganze auf dem langen Weg zur Bewusstwerdung seiner selbst bedient.

Wie beim einzelnen Menschen durchläuft auch das allgemeine Bewusstsein verschiedene Stufen, in denen es sich weitet und reift. Diese Entwicklungsstufen entsprechen den Lebensstufen des Individuums, vollziehen sich aber in ganz anderen zeitlichen und räumlichen Dimensionen. Ich habe diesen Prozess in meinem Buch „Das Leben hat keinen Rückwärtsgang" in groben Zügen beschrieben und möchte das hier nicht wiederholen. Hier mag die Feststellung genügen, dass erst das 20. Jahrhundert kollektiv den Durchbruch brachte vom kindlichen zum jugendlichen Bewusstsein, das als „modernes Bewusstsein" unsere Zeit prägt.

Der „Tod Gottes" und die Folgen

Friedrich Nietzsche hat diesen Wandel mit den Worten „Gott ist tot" beschrieben. Besser, klarer und knapper kann man es nicht sagen, es ist ein Satz wie in einen Grabstein gemeißelt. Er wird allerdings sehr oft missverstanden – manchmal so, als würde Nietzsche Gott einfach nur leugnen, als hätte er gefordert, dass Gott tot zu sein habe, als hätte er sich über Gott erhoben, indem er ihn für nichtig erkläre, und manchmal so, als sei dies eine empirische Hypothese, deren Richtigkeit man daran messen könne, ob die Religionen noch weiter bestehen oder nicht.

Tatsächlich beschreibt Nietzsche jedoch einfach nur einen geistigen historischen Sachverhalt, ganz jenseits von Theologie, Theismus oder Atheismus: Gott, der alte, völlig selbstverständliche und nicht hinterfragbare Gott, ist tot, es gibt ihn nicht mehr, er ist uns abhanden gekommen. Nietzsche schreibt sogar mit einem Unterton des Entsetzens: „Wir haben ihn getötet! – ihr und ich! Wir Alle sind seine Mörder!", und in der Tat: Aufklärung, Vernunft und Wissenschaft haben ihn zerstört, so sehr Einzelne oder ganze Völker noch an ihn glauben mögen. Er wird nicht mehr zurückkommen, und jene, die heute noch an ihn glauben, werden ihn auch verlieren, wenn das unbarmherzige Licht der Aufklärung sie erreicht haben wird.

„Gott ist tot" beschreibt den Übergang vom Kind- zum Jugendbewusstsein, vom Gruppenbewusstsein (Wir-Bewusstsein) zum modernen Ich-Bewusstsein. Es bedeutet nämlich auch: Die Eltern, die Götter der Kindheit, haben mir nichts mehr zu sagen; als Götter, als diejenigen, die allein über mein Leben bestimmen, sind sie für mich gestorben. Sie sind jetzt nur noch menschliche Eltern, fehlbar, kritisierbar, und ich muss und werde ihnen nicht mehr gehorchen. Ich entscheide selbst, ob und wann ich ihnen folge oder nicht.

Genauso verhält es sich mit Gott und dem modernen Menschen: Es gibt keinen Gott mehr außerhalb und unabhängig von ihm, dem er völlig selbstverständlich unterworfen ist und folgt wie ein Kind seinen Eltern. Dem mittelalterlichen Menschen wäre die Frage, ob er an Gott glaube, völlig absurd vorgekommen, er hätte sie noch nicht einmal denken können. Gott war eine Tatsache wie die Sonne und der Mond.

Der moderne Mensch aber entscheidet selbst, ob er einen Gott braucht oder nicht. Wir sind nicht mehr Gott unterworfen, sondern er ist uns unterworfen. Die alte Welt, wo Gott oben und der Mensch unten war, ist damit auf den Kopf gestellt[12]: Jetzt sind wir oben, und Gott ist unter uns! Das alte Sein, die alte Verfassung der Welt und das Verhältnis des Menschen zu ihr ist damit umgekehrt. Das hat aber einen Preis: Wir sind nicht mehr in ihm geborgen, denn geborgen sein kann man nur in etwas, das à priori und unbezweifelbar größer ist als man selbst. Wir sind allein.

Das 20. Jahrhundert markiert den tiefsten Einschnitt im menschlichen Bewusstsein und den gewaltigsten Zeitenwandel seit der Vertreibung aus dem Paradies (oder wie immer der Ursprungsmythos für die Zeit vor der Geburt der Menschheit heißen mag). Mit dem Tod Gottes sind wir völlig allein in der Welt. Das ist das unumkehrbare Ergebnis von Aufklärung und Wissenschaft und des Kampfes um Freiheit und Selbstbestimmung. Wir wollen oder können diese Freiheit aber noch nicht nehmen, weil uns das Alleinsein und die damit einhergehende völlige Eigenverantwortlichkeit zu viel Angst macht. Wie der Jugendliche wollen wir zwar frei sein, sind aber noch nicht wirklich dazu fähig und suchen uns Ersatzgruppen und Ersatzautoritäten. Im Persönlichen sind dies die sogenannten „Peergroups", also Gruppen von Gleichgesinnten wie Fußball-Fanclubs oder andere Vereine aller

12. Wolfgang Giegerich hat diesen weltgeschichtlichen Vorgang in einer ebenso detail- und kenntnisreichen wie tiefen Analyse dargestellt in den beiden Bänden seiner „Psychologie der Atombombe": Die Atombombe als seelische Wirklichkeit, und Drachenkampf - Initiation ins Nuklearzeitalter, beide Zürich u.a. 1988.

Art, die mit dem Einzug des Internet in jedes mobile Telefon zu „Social Networks“ à la Facebook geworden sind; im Geistigen sind es Ideologien, Esoterik, fremde Religionen und vor allem „die Wissenschaft“.

Die Wissenschaft

Viele meinen, die Wissenschaft könne die Lücke füllen, die der Abgang Gottes hinterlassen hat, sie soll begründen, was richtig ist und was nicht. Aber damit ist sie völlig überfordert, sie kann dies nicht. Wissenschaft ist Verneinung, ihre Methode ist die Falsifikation, also der Nachweis, dass eine Hypothese oder irgendetwas, das man glaubt, falsch ist. Die landläufige (und von eifrigen Medienleuten immer wieder vertretene) Auffassung, etwas sei wissenschaftlich bewiesen, ist unwissenschaftlich. Wissenschaft kennt nur vorläufiges Wissen, das so lange gilt, bis es widerlegt ist. Sie strebt zwar nach Wissen, aber ihre Methode ist Negation. Sie ist wesenhaft negativ und kann nichts Positives begründen.

Wissenschaft kann uns sagen, wie die Welt *nicht* ist, aber nicht, wie sie wirklich *ist*; sie kann sagen, was *nicht* stimmt, aber nie, was richtig ist. Das konnte die Religion, sie hat uns, wie die Eltern dem Kind, gesagt, wie die Welt in Wirklichkeit beschaffen ist, wo oben und unten ist, was gut und böse und richtig und falsch ist, aber diese Welt hat die Wissenschaft, getreu ihrem inneren Auftrag, zerstört. Dank ihrer wissen wir heute, dass es kein Oben und Unten gibt. Dieselbe Richtung ist für einen Menschen am Nordpol „oben“ und für seinen Kollegen am

Südpol „unten". Oben und unten sind relativ, im endlosen Raum gibt es weder das eine noch das andere. Noch einmal Nietzsche: „Wohin bewegen wir uns? Fort von allen Sonnen? Stürzen wir nicht fortwährend? Und rückwärts, seitwärts, vorwärts, nach allen Seiten? Giebt es noch ein Oben und ein Unten? Irren wir nicht wie durch ein unendliches Nichts? Haucht uns nicht der leere Raum an? Ist es nicht kälter geworden? Kommt nicht immerfort die Nacht und mehr Nacht?"[13]

Ebenso wie mit oben und unten verhält es sich mit richtig und falsch (im moralischen Sinne) oder gut und böse. Wissenschaftlich lässt sich weder das eine noch das andere belegen. Die Vorstellung, Wissenschaft könne Orientierung geben, verwechselt sie mit Religion. Tatsächlich hat der Sozialismus-Kommunismus auf der Basis des „Historischen Materialismus" versucht, Wissenschaft als positive Grundlage einer Gesellschaft zu etablieren. Deshalb nannte er sich auch „Wissenschaftlicher Sozialismus". Das ist, wenigstens ursprünglich, kein politischer Vorwand zur Begründung der Macht, das ist das grundlegende Selbstverständnis der kommunistisch-sozialistischen Bewegung (und auch die Trennungslinie zur sozialdemokratischen Variante des Sozialismus).

Die Analyse im Sinne des Historischen Materialismus sollte den Eliten wie jedem Einzelnen eine klare Orientierung geben, was gut und was schlecht ist, was die Gesellschaft braucht und was sie nicht braucht und wie

13. Friedrich Wilhelm Nietzsche, Die fröhliche Wissenschaft, Zweites Buch, Aphorismus 125, „Der tolle Mensch".

der Einzelne richtig lebt. Dafür musste aber der Zweifel (aus dem sich jede wirkliche Wissenschaft nährt, der aber tödlich ist für jede Religion) ausgeschaltet werden, und die Folge waren geistiger Dogmatismus und politischer Totalitarismus. Das Politbüro war der Vatikan, das ZK das Konklave, der Generalsekretär der Papst. Das Problem war nur, dass Gott fehlte und somit alles Menschenwerk blieb.

Dies war nicht lediglich eine politische Fehlsteuerung, eine falsche Anwendung des Wissenschaftlichen Sozialismus - das ist vielmehr die notwendige und unumgängliche Folge, wenn man meint, etwas Menschliches wie die Wissenschaft (oder auch die Philosophie oder irgendeine andere menschliche Veranstaltung) könne eine positive Lebensgrundlage setzen und einen objektiven Lebenssinn stiften. Es wird notwendigerweise zur Ideologie, da es einer menschlichen Idee folgt. Ideen aber sind immer subjektiv und können aus sich heraus (also ohne dass eine Macht sie durchsetzt) für andere keine Gültigkeit haben.

Tatsächlich ist es vor allem die Wissenschaft, die jede innere Gewissheit, wozu wir da sind, was das Leben ausmacht oder was richtig und falsch ist, zerstört. Genau deshalb, weil man diese Zerstörung fürchtet, tobt zum Beispiel in den erzkonservativen Regionen der Vereinigten Staaten ein erbitterter, antiwissenschaftlicher Kulturkampf dagegen, dass in den Schulen Evolution gelehrt wird, anstatt den Kindern beizubringen, dass Gott die Welt genau so, wie sie ist, in sechs Tagen erschaffen hat.[14]

Wenn die dritte Stufe des Bewusstseins, das moderne Bewusstsein, uns ganz durchdrungen hat, bleibt nichts Positives mehr übrig, und damit entfällt jede Orientierung, jede Sinnstiftung von außen. Das Ich, um das sich im modernen Bewusstsein alles dreht, das dessen einziger Orientierungspunkt ist, steht vollkommen leer da. Um diese Leere nicht zu spüren, füllt es sich mit allem auf, was es bekommen kann, und braucht immer mehr davon. Dennoch bleibt man innerlich leer. Das Ich ist lediglich eine Konstruktion, eine Hülle ohne jede Substanz, es existiert nur in der Verneinung des Wir.

Das Wesen des modernen Bewusstseins ist seine Negativität, die Kritik, aber es hat, und auch das gehört zu seinem Wesen, diese Negativität nicht genommen, sondern lügt und betäubt sich darüber hinweg. Würde es seine Negativität ganz nehmen, ihr ganz zustimmen, würde es zerfallen, denn dann würde es seine Nichtigkeit erkennen.

14. In anderer Hinsicht ist dieser Mythos jedoch höchst interessant, denn er enthält genau die sieben Lebensstufen meines Bewusstseinsmodells. Die sechs Schöpfungstage entsprechen den sechs Bewusstseinsstufen meines Lebenskreises, der siebte Tag, an dem Gott ruhte, entspricht meiner siebten Stufe, dem Tod bzw. dem vollständigen Aufgehen und Verschwinden des Bewusstseins im Ganzen. Daher lese ich diesen Schöpfungsmythos als eine Beschreibung des Weges, den das Bewusstsein nimmt, um zu sich selbst zu kommen. Anders gesagt: Die Schöpfung ist noch im vollen Gange, der dritte Schöpfungstag nähert sich gerade seinem Ende, der vierte wird bald heraufdämmern – fragt sich nur, wie lange die Nacht dauern wird, die wir noch vor uns haben.

Erwachsensein heute

Da wären wir dann auf der vierten Bewusstseinsstufe, dem Erwachsenen-Bewusstsein, das sein Alleinsein erkannt und angenommen hat und weiß, dass wir die Antworten (etwa auf die Frage, wozu wir hier sind) nur in uns selbst finden können - wenn es denn überhaupt eine solche Antwort gibt. Aber auch dies, ob es eine Antwort oder einen Sinn gibt, wird man nur erfahren, wenn man in die Leere eintritt.

Warum nur aus der Leere? Weil alle Inhalte, die wir in uns tragen, von außen kommen, sei es aus der Erziehung oder sei es aus der Geschichte unserer Familie oder unseres Volkes. Und diese sind alle hinterfragbar und durch Neues ersetzbar. Was aber hinterfragbar und ersetzbar ist, kann keinen objektiven Sinn mehr stiften. Kollektiv sind wir vom Erwachsenen-Bewusstsein aber noch recht weit entfernt, es gibt allenfalls erste Anzeichen einer Morgendämmerung am Horizont.

Das moderne Bewusstsein dünkt und gibt sich zwar - wie der reale Jugendliche - erwachsen oder gar den Erwachsenen überlegen, aber wie der Jugendliche ist es innerlich total verunsichert und einsam, ohne dies indess zugeben zu können. Denn die Leere, die da wartet und um die wir in der Tiefe wissen, macht Angst. Sie könnte das Ende bedeuten, ein Nichts, aus dem nichts mehr kommt, das alles verschluckt und vernichtet, was man je geglaubt hat und was Halt geben könnte.

Insgesamt ist das moderne Bewusstsein noch nicht einmal richtig zu sich selbst gekommen. Was Sokrates schon vor zweieinhalbtausend Jahren wusste, nämlich „dass ich nichts weiß", quillt zwar heute, wo wir scheinbar alles wissen, aus allen Ritzen, aber das moderne Bewusstsein ist, wie Sokrates' Athener Mitbürger, die ihn für diese Lehre zum Tode verurteilten, noch nicht bereit, sich dies wirklich einzugestehen. Es ist, wie viele Jugendliche in den Kampf mit ihren Eltern, noch weitestgehend in den Kampf mit dem Gruppenbewusstsein (der Tradition) verstrickt und/oder bemüht, sich einen positiven Anstrich zu geben, anstatt sich seiner wesenhaften Negativität zu stellen. Erst dann, mit dem Eintritt in die Negativität, mit dem Ja zum Nein oder der klaren Einsicht, dass wir nichts wissen, wäre es ganz bei sich angekommen. Das wäre dann freilich auch sein Ende, wir stünden am Nullpunkt, in der inneren und äußeren Leere, mitten im Nichts. Dort sind wir zwar schon längst, aber die meisten wollen das nicht wissen, es erscheint zu schrecklich, zu beängstigend. Dabei ist es nichts anderes als das, worum alle kämpfen: wirkliche Freiheit.

Wirkliche Freiheit heißt, allein in der Welt zu stehen und, obwohl man viele Bindungen hat, durch nichts gebunden zu sein, außer durch das Leben selbst. Sie anzustreben und sie zu nehmen scheinen aber ein Paar sehr verschiedene Schuhe zu sein.

Dieses Nicht-Wissen ist genau die Situation des jungen Mannes und der jungen Frau, wenn sie ihre Familie verlassen und ihre Jugend hinter sich lassen, um ins Erwachsenenleben einzutreten. Die Suche der Jugend, die

Frage „Wer bin ich?“, endet im Nichts. Man ist erwachsen, ohne zu wissen, wer man wirklich ist, findet sich in einem Beruf wieder, ohne zu wissen, ob es der richtige ist, heiratet einen Mann/eine Frau, ohne zu wissen, wohin das führt. Dass das den meisten nicht bewusst ist, ändert nichts am Sachverhalt. Sie mögen sich an dem orientieren, was sie aus ihrer Familie mitbekommen haben, vielleicht aber auch am Gegenteil, vielleicht folgen sie der Tradition, vielleicht rebellieren sie dagegen, vielleicht ist ihnen aber auch beides egal und sie orientieren sich an der jeweils vorherrschenden Mode, an einem der vielen Bilder und Lebensmodelle, die Film, Fernsehen, Internet oder wer auch immer anbieten.

Vielleicht folgen sie dem Glauben oder dem Atheismus ihrer Eltern, vielleicht verwerfen sie beides und interessieren sich einfach nicht dafür, oder sie werden Muslime oder Buddhisten oder schließen sich einer der hundert religiösen Gruppen an, die einem Guru folgen. Aber was auch immer sie tun, sie könnten es ebenso gut lassen oder das Gegenteil tun, und wie immer sie leben, sie könnten es auch anders machen. Nichts bindet mehr, nichts ist mehr selbstverständlich. Das ist das Neue! Das Leben ist offen, und wir sind frei.

Für den Einzelnen bedeutet dies, dass er umgeben ist vom jugendlich-modernen Ich-Bewusstsein und den Überresten des traditionellen, kindlichen Wir-Bewusstseins, das noch heftig um seinen Fortbestand kämpft. Ein wirklich erwachsenes Bewusstsein, ein Selbst-Bewusstsein, hat es in diesem geistigen Feld sehr schwer. Es steht allein, jeder steht damit allein. Das muss man akzeptieren, die Gruppe mag es nicht, wenn einzelne andere

Wege gehen als alle anderen. Wenn wir innerlich diesen Schritt machen, werden die meisten uns nicht verstehen. Das kann auch Freunde und Partner betreffen. Wenn die Beziehung das nicht aushält und deswegen endet, ist das dann aber auch ein Zeichen dafür, dass es mit der Freundschaft oder Liebe nicht so weit her war, wie man dachte. Generell wird man merken, dass man nicht mehr ganz dazugehört, jedenfalls nicht mehr so wie früher.

Aber den Verlust der engen Zugehörigkeit bringt das Erwachsenwerden ohnehin, und in den meisten Fällen haben diejenigen, die ein Bedürfnis nach innerem Wachstum empfinden, schon lange das Gefühl, nicht mehr ganz dazu zu gehören. Das ist nur dann ein Problem, wenn man unbedingt ganz dazugehören und von den anderen verstanden werden möchte – das jedoch sind kindliche Bedürfnisse, die zu Kindern passen, aber nicht zu Erwachsenen.

4. Kapitel

WAS HILFT?

Was hilft uns, auch seelisch so erwachsen zu werden, wie wir es körperlich schon lange sind? Wie bei jedem organischen Wachstum können wir für das Wachsen selbst nicht viel tun, es geschieht von selbst in seiner eigenen Zeit. Was wir jedoch tun können ist, diesen Prozess nicht zu be- oder verhindern, uns nicht dagegen zu stemmen. Jede Lebenssituation, die uns begegnet, vor allem alles Neue, enthält das Potential zum Wachsen. Wobei ich mit wachsen und Wachstum gar nichts Besonderes, Großartiges meine.

Wachsen ist das Normalste von der Welt, denn Leben ist Wachstum. Und Wachstum ist Wandel, Umwandlung und Veränderung. Dass ein Mensch erwachsen wird, ist nichts Besonderes, er wächst einfach. Auch wenn er körperlich ausgewachsen ist, kann das Wachstum weitergehen. Körperlich wächst zwar nur noch der Bauch, aber geistig und seelisch sind unserem Wachstum keine Grenzen gesetzt.

Mit jeder neuen Begegnung mit dem Leben können wir mehr werden, und zwar ganz von selbst, wenn wir uns nur wirklich offen auf diese Begegnungen und das darin zu uns kommende Leben einlassen. Was es also zu durchschauen gilt, ist die Art und Weise, wie wir dieser offenen Begegnung mit dem Leben aus dem Weg gehen und somit unser geistiges und seelisches Wachstum be- oder gar verhindern.

Es gibt kein Wachstum und kein Lernen ohne Schmerzen. Viele betrachten schmerzhafte Erfahrungen in ihrem Leben, besonders in ihrer Kindheit, als etwas, das falsch war und nicht hätte gewesen sein dürfen. Und Eltern, die den Kindern Schmerzen zugefügt haben oder von denen die Kinder meinen, sie hätten sie nicht gewollt, nicht beachtet, gebremst und gedemütigt anstatt gefördert und respektiert, zu wenig geliebt oder mit ihrer übergroßen Liebe erdrückt, werden abgelehnt oder wegen ihrer (vermeintlichen) Fehler und Defizite gescholten und bekämpft. Das ist in vielen Fällen sehr verständlich. Ich hätte mir vor zwanzig Jahren nie träumen lassen, wie manche Eltern mit ihren Kindern umgehen. Dennoch hilft die lebenslange Anklage niemandem – sie ändert nicht nur nichts an dem, was geschehen ist, sondern hält den Schmerz auch noch für alle Ewigkeit fest, weil das Gewesene nicht vorbei sein kann, solange wir damit kämpfen oder auch nur innerlich hadern.

All dies – und noch viel mehr – gibt es, und vieles davon tut weh, begleitet uns sehr lange im Leben und führt zu Schwierigkeiten, Neurosen und neuen Schmerzen und manchmal auch zu Krankheiten. Aber in der Ablehnung schneiden wir uns nicht nur von den Schmerzen, sondern auch von der Kraft ab, die in solchen Erfahrungen liegt. *Jeder Teil unseres Lebens, den wir nicht haben wollen, fehlt uns! Je mehr wir ablehnen, umso schwächer sind und bleiben wir! Wir wachsen nur in dem Maße, in dem wir alles, was zu uns und unserem Leben gehört, aufheben und zu uns nehmen.*

Stellen Sie sich einen Rohdiamanten vor und nehmen Sie mal an, der Stein könnte fühlen: Welche unsagbaren Schmerzen muss er wohl erleiden, damit aus ihm ein klarer Diamant wird, der in makelloser Reinheit funkelt? Ich bin gewiss kein Freund von Schmerzen und der Parole „Gelobt sei, was hart macht", aber vielleicht ist es mit unserem Wachstum und unserer Reifung in dem Sinne ähnlich, dass jeder die Erfahrung braucht, die ihm - warum auch immer - zuteil wird und geworden ist. Dabei interessieren mich nicht die philosophischen Implikationen einer solchen Aussage, sondern nur die praktischen. Praktisch ist es so, dass ich wachse, wenn ich meinen Erfahrungen und dem, was mir zugestoßen ist, zustimme, und dass ich klein und mickrig bleibe, wenn ich mich dagegen auflehne. Zwar werden diejenigen, die sich auflehnen, in unserer Jugendkultur oft auf einen hohen Sockel gestellt und kommen sich daher groß vor (das entspricht halt der Jugend), aber wenn man ihnen die Energie der Bewunderung durch die anderen nimmt, bleibt meist nicht viel übrig.

Das gilt nicht nur für unsere Kindheit, sondern auch für das Jetzt. Wenn etwas Schweres auf uns zukommt, heißt das, dass das Leben es uns zumutet, uns schenkt. Ob es ein gutes oder ein schlechtes Geschenk ist, können wir vorher nie wissen. Sobald es da ist, haben wir es zu nehmen. Unsere Probleme, ja selbst unsere Krankheiten sind nicht falsch, sondern darin liegt unsere Heilung. Wir sind vom Leben selbst aufgefordert, sie zu nehmen. Warum das Leben sie vor unsere Tür legt, wissen wir nicht und werden wir nie ergründen. Dass vieles davon mit Geschehnissen in unserer Kindheit oder unserer Familiengeschichte zusammenhängt, heißt nicht, dass dort die Ursachen dafür lägen. Es ist zwar nicht falsch, einer Sache auf den Grund zu gehen, und wenn man dies tut, landet man oft in der Kindheit oder der Familiengeschichte, aber die Lösung liegt immer in der Gegenwart, in der Hinwendung zum Problem und nicht in dem Versuch, es zu beseitigen.

In der wirklichen Hinwendung zeigt uns das Problem von selbst seinen Grund. Dazu müssen wir aber bereit sein, es so offen wie möglich zu empfangen. Das Problem, die Krankheit oder wie auch immer es aussieht, ist *der göttliche Gast*. Wenn wir ihm die Tür vor die Nase schlagen oder ihn verjagen, bekommen wir größere Probleme, als wenn wir ihn empfangen.

Warum? – Über Ursache und Wirkung

> Du bist jederzeit die einzige Ursache deines Handelns.
>
> Wilfried Nelles

Die meisten, die mit einem Problem zur Beratung kommen, wollen wissen, warum sie das Problem haben oder warum sie nicht in der Lage sind, es selbst zu lösen. Was ist die Ursache für meine Krankheit, mein Scheitern in Beziehungen, meine Schlaflosigkeit, meinen ständigen

Stress, mein Gefühl, dass mir alles zu viel ist, meine Angst vor anderen Menschen und besonders vor Nähe, meine latente und plötzlich aufbrechende Wut? Wo kommt das her? Wer oder was ist Schuld daran? Solche Fragen sind verständlich, aber in der Regel nicht hilfreich.

Man glaubt, mit den Ursachen und Gründen etwas in der Hand zu haben, das einem zur Lösung verhilft. Aber das ist ein Irrtum. Man hat tatsächlich etwas in der Hand, nämlich einen guten Grund, warum man so ist, wie man ist, und so handelt, wie man handelt, und warum man nicht oder nur unter äußersten Mühen anders kann. Beispielsweise weil die Eltern einem dies oder jenes angetan haben, weil man ohne Vater oder Mutter aufgewachsen ist, weil der Vater fremdgegangen ist und die Mutter immer gejammert hat – tausend Gründe, zumeist sehr gute Gründe.

Aber je besser der Grund, umso geringer die Chance zur Veränderung – es sei denn, man wendet sich ganz von der Frage „warum“ und von den Gründen und Ursachen ab. Denn Gründe tun vor allem eines: Sie geben unserem Leiden einen festen, soliden, vielleicht sogar unumstößlichen Grund, ein Fundament aus härtestem Beton. Sie *be-gründen* es im wahrsten Sinne des Wortes. Die schwierigsten Klienten sind solche mit viel Therapieerfahrung, die alles über ihre Kindheit und Familiengeschichte wissen und vor allem zu wissen glauben, warum sie mit den Problemen geschlagen sind, derentwegen sie zur Therapie kommen. Sie sind unheilbar, solange sie nicht bereit sind, ihre Gründe zu vergessen.

Eine Therapie oder Beratung, die dieses Spiel mitmacht, steht auf verlorenem Posten. Das bedeutet nicht, dass es nicht hilfreich sein kann zu entdecken, dass ein bestimmtes Problem oder ein immer wiederkehrendes Muster mit einem bestimmten Erlebnis in der Kindheit zusammenhängt oder die Wiederholung einer Erfahrung der Eltern oder Großeltern ist. Es kann für den Augenblick schon sehr erleichternd sein zu sehen: Aha, deshalb gehen meine Beziehungen immer auseinander oder gerate ich immer an den falschen Mann, weil ich meiner Mutter folge, die ihren Geliebten nicht heiraten durfte, weil er ihren Eltern nicht passte. Man fühlt sich dann vielleicht weniger als Versager.

Aber man sollte solchen Entdeckungen nicht allzu viel Aufmerksamkeit schenken, nicht viel darüber reden und sie möglichst schnell wieder vergessen (was nicht heißt, sie zu verdrängen! – Auf das rechte Vergessen werde ich später noch einmal eingehen). Wenn jemand zum Beispiel große Probleme mit Nähe und Intimität hat, wird man oft finden, dass er eine schwere Geburt hatte und/oder im ersten Lebensjahr längere Zeit von der Mutter getrennt war und deshalb keine sichere und selbstverständliche Mutterbindung erfahren hat. Der Säugling erlebt die Trennung von der Mutter als völliges Verlassenwerden, und zwar völlig grundloses Verlassenwerden von der einzigen Person, die er wirklich kennt und der er so nah war, wie er nie mehr einem Menschen sein wird. Ohne die physische Nähe der Mutter erlebt er sich als ausgesetzt, als vollkommen verloren und in Todesgefahr, denn sie war sein Ein und Alles, seine Lebensquelle. Diese Erfahrung ist so schmerzhaft, dass es ihm sehr, sehr schwer fallen wird, jemals wieder einen Menschen ganz nah an sich heran zu lassen.

Selbst gegenüber der Mutter wird er nach einer solchen Erfahrung eine gewisse innere Distanz wahren, auch wenn sie ihn später wieder mit aller Liebe in die Arme nimmt. Er wird ihr nicht ganz trauen und innerlich so viel Abstand bewahren, dass es nicht ganz so weh tut, sollte so etwas noch einmal passieren. Und in späteren Liebesbegegnungen wird er oder sie sich zunächst ähnlich verhalten, denn er hat in seinem Innern abgespeichert: Große Nähe ist gefährlich.

Wenn er das aber als Grund für seine Probleme mit Nähe nimmt, etwa indem er sagt: „Ich habe große Probleme mit Nähe, weil ..." oder gar „Ich kann keine wirkliche Nähe zulassen, weil ...", dann stehen die Chancen bestens, dass er seine Probleme behält. Er hat ja allerbeste Gründe dafür. Das gilt auch dann, wenn er therapeutisch an ihnen arbeitet. Je mehr er das tut, umso wichtiger wird die (vermeintliche) Ursache seines Problems.

Was er stattdessen tun müsste ist, das vergangene Ereignis anzuschauen, den Schmerz zu spüren und das alles (also auch den Schmerz) dann dort und bei der Person zurückzulassen, wo es hingehört. Im erwähnten Beispiel hieße das: Man schaut - anfangs geht das wohl nur in einem therapeutischen Setting, später kann man es vielleicht auch allein - auf seine Geburt oder auf die Trennung von der Mutter *und* auf das Kind, das diese Trennung erlebt hat, man spürt den Schmerz, den das für das Kind bedeutet hat, und lässt die ganze Geschichte dann dort, d.h. bei dem Kind und in der Zeit, wo man dies erlebt hat, zurück. Dazu muss man sich aber bewusst sein, dass man dieses Kind (längst) nicht mehr ist. Man ist mit ihm verbunden, steckt aber nicht mehr in seinen Schuhen. Anders gesagt: Man muss in seinem erwachsenen Bewusstsein sein und mit innerem Abstand und zugleich mit Liebe auf sich selbst und seine eigene Geschichte schauen können.

Meistens verhält es sich so, dass wir in den Bereichen, wo wir Probleme haben, innerlich *in dem Kind stecken*, das wir einst waren. Der erwachsene Mensch kriecht in sein inneres Kind hinein und versteckt sich dort. Er macht das zwar ganz unbewusst, nimmt es aber zugleich als Vorwand, um sich nicht dem Leben stellen zu müssen, das ihn hier und jetzt anspricht. Richtig wäre es genau umgekehrt: Wir müssen das Kind *in uns* aufnehmen, und zwar mit all seinen Erfahrungen. Faktisch *ist* es ja in uns, aber wir sind längst nicht mehr nur dieses Kind, wir sind vielleicht selbst Vater oder Mutter oder gar Großvater und Großmutter – und verstecken uns manchmal immer noch im Kind. Obwohl das Kind in uns ist, haben wir es seelisch nicht wirklich aufgenommen, wehren einen Teil seiner Erfahrungen und damit auch einen Teil von ihm ab und stellen es sogar schützend vor uns, um einer aktuellen Herausforderung des Lebens nicht wirklich und in Gänze begegnen zu müssen. Krass gesagt: Wenn jemand sagt: „Ich kann nicht lieben, weil ich als Kind nicht geliebt wurde“ oder „weil ich geschlagen oder missbraucht wurde“, dann benutzt (missbraucht) er sein inneres Kind, um vor der Liebe oder dem Leben generell davonzulaufen.

Dem Kind in uns geht es damit überhaupt nicht gut. Ihm würde es vielmehr helfen, wenn es spürt, dass wir seine Schmerzen, seine Verwirrung, seine Unsicherheit sehen und dass es uns mit all diesen Dingen willkommen ist. Auch mit den Verhaltensweisen, die es entwickelt hat, um sich vor weiteren Verletzungen zu schützen, auch mit seinen Ängsten. Anstatt zu sagen: „Das war schrecklich" oder „Du armes Kind", müssten wir ihm zu verstehen geben, wie gut und angemessen es sich damals verhalten hat, dass wir seine Leistung sehen und das alles gut überstanden und hinter uns gelassen haben. Damit nehmen wir das Kind in uns auf und zugleich unser Leben zu uns, wie es war.

Hier werden in der Therapie oft Fehler gemacht, was dazu führt, dass Menschen jahrelang an bestimmten Themen arbeiten, ohne dass sich je etwas Grundlegendes ändert. Man kann jahrelang Rebirthing machen, ohne sein Geburtstrauma wirklich hinter sich zu lassen. Ebenso kann man jahrelang in Therapiesitzungen auf seine Eltern einschlagen oder seine Wut herausbrüllen, ohne sie je loszuwerden oder sich mit ihr so anzufreunden, dass sie einen nicht mehr beherrscht. Und man kann viele Male den Schmerz eines Verlustes oder kindlicher Einsamkeit oder Hilflosigkeit angesichts streitender oder sich schlagender Eltern erinnern, darüber reden oder das alles in der Therapie wiedererleben, ohne dass sich am inneren Leiden daran etwas ändert.

Worauf es ankommt, ist, dass man erkennt, dass das alles vorbei ist, dass es einerseits zu einem gehört und weder durch Verdrängung noch durch Therapie „weggemacht“ werden kann, andererseits aber auch vorbei ist. Dazu muss man das innere Kind, also das Kind, das man einmal war und das mit all seinem Erleben noch immer in einem ist, *vor sich sehen* können, und dazu wiederum muss man selbst in einem erwachsenen Bewusstseinszustand sein. Alle Methoden, die einen in kindliche Erfahrungen hineinführen und diese im kindlichen Bewusstsein wiedererleben lassen, beinhalten die Gefahr, dass damit die neurotischen oder pathologischen Muster nicht nur nicht gelöst, sondern sogar verfestigt werden.

Wenn ich 50 – 60-jährige Frauen* in den Pausen einer Therapiegruppe in rosafarbenen Trainingsanzügen mit ihren Babypuppen oder Stofftieren unterm Arm herumlaufen sehe, dann wundert es mich nicht, dass einem in dieser Szene so viele Kinder im Großmutteralter begegnen. Ich habe auch große Zweifel, ob es der Re-identifikation mit dem kindlichen Erleben entscheidend entgegenwirkt, wenn man diese Erfahrungen anschließend reflektiert oder auf andere Weise zu integrieren versucht.

Dafür sind sie für denjenigen, der sie erlebt und jetzt aus seinem Unterbewusstsein wieder ans Licht hat kommen sehen, meist zu faszinierend. Das kann man daran sehen, dass die Betreffenden hinterher immer wieder davon erzählen. Und nicht nur die Betroffenen: Auch viele Therapeuten sind von ihren Fallgeschichten so fasziniert, dass sie immer wieder darüber reden und damit ihre Bücher füllen. So lehrreich das hier und da

* Ich beziehe mich hier auf eine konkrete Beobachtung in einem Seminarhaus. Männer sind zwar anders, aber nicht weniger kindlich.

sein kann, in der Fülle weist es darauf hin, wie wichtig wir unsere Leidensgeschichten nehmen.

Die Ursachen unserer Probleme und Neurosen sind nur insoweit wichtig, als sie bei uns selbst liegen, bei unserer Haltung dazu und unserem Umgang damit, und zwar jetzt. Wo sie herkommen, ist nicht wirklich wichtig, und wer meine Trauer oder Wut aktuell ausgelöst hat, erst recht nicht. Die Ursache für Probleme liegt immer bei einem selbst, nie im Außen. Zumindest ist das die einzige Perspektive, die Heilung möglich macht. Wenn wir daran festhalten, dass die Gründe und Ursachen im Außen, im Verhalten der anderen, in den Zuständen in der Gesellschaft, in unseren früheren Erfahrungen, in der Geschichte unserer Familie oder gar in „früheren Leben" liegen, können wir nichts daran ändern. Denn all dies können wir nicht beeinflussen, wir können weder die Geschichte ändern noch die anderen. Unsere Eltern werden immer die bleiben, die sie sind, da können wir noch so viel kämpfen.

Dasselbe gilt für unsere eigene Lebensgeschichte, sie ist nicht zu ändern. Unsere Kindheit wird immer die bleiben, die sie war. Man kann sie zwar therapeutisch umdeuten und quasi neu erfinden (einige sagen: neu erzählen, aber das bedeutet dasselbe), aber ich bezweifle, dass unsere Seele uns dies abkauft, denn irgendwie wissen wir doch, dass es tatsächlich anders war. Vor allem aber halten wir damit an einer falschen Vorstellung von Ursache und Wirkung fest, denn die Ursachen für unser gegenwärtiges Erleben und Handeln liegen nicht in der Vergangenheit, sondern in der Gegenwart, im Hier und

Jetzt. Nur wenn wir erkennen, dass alles im Jetzt existiert, wird sich wirklich etwas ändern.

Solange wir meinen, die Ursachen unserer Probleme lägen im Außen, im Verhalten der anderen oder in unserer eigenen Vergangenheit, bleiben wir ohnmächtig, und es ändert sich nichts. Da wir die im Außen vermutete Ursache nicht ändern können, ändert sich auch die Wirkung – das Problem, die Krankheit, der seelische Schmerz, das negative Muster – nicht.

Genauso ist es, wenn wir andere Menschen als Verursacher unseres Leidens ansehen. Wir können zwar kämpfen, sie anschreien, anbetteln, umschmeicheln oder was auch immer versuchen, um sie zu ändern, aber letztlich liegt es nicht in unserer Hand. So verstärken und perpetuieren wir nur das (kindliche) Gefühl unserer Hilflosigkeit und Ohnmacht. Das einzige, was in unserer Hand liegt, sind wir selbst, hier und jetzt, ist die Haltung, die wir zu dem, was ist, einnehmen. *Wir selbst sind in jedem Moment die Ursache unseres Erlebens und unseres Handelns.* Die Tatsachen sind unabänderlich, aber wie wir sie erleben, deuten, einordnen und damit umgehen, liegt an uns.

„Ich kann nicht" und „Ich will nicht"

Wenn wir uns hilflos fühlen, sind wir immer in einem Kindergefühl. Ich interveniere sofort, wenn jemand in der Beratung sagt „Ich kann nicht" – „Ich kann das nicht länger aushalten", „Ich kann keine Nähe zulassen", „Ich kann mich nicht entscheiden" und so weiter. Alles Kindersätze! Subjektiv mögen sie stimmen, weil der Betroffene das wirklich so empfindet, aber tatsächlich sind sie ein Vorwand. Natürlich gibt es auch für Erwachsene Grenzen, und es wäre kindisch, diese nicht anzuerkennen. Insofern gibt es auch ein erwachsenes „Das kann ich nicht" – ich kann keine Beethoven-Sonaten spielen, das ist einfach so. Aber das ist eine schlichte, emotionslose Feststellung. Das subjektive „Ich kann nicht" geht jedoch mit Gefühlen einher. Gefühlen der Ohnmacht, Hilflosigkeit, des Versagens, immer begleitet von einem unausgesprochenen „Ich würde ja gerne, aber...". Dies ist ein Kindergefühl, es entspricht der objektiven Situation des Kindes, das tatsächlich nicht kann, sondern darauf angewiesen ist, dass die Eltern für es handeln oder ihm die Erlaubnis geben. Der Erwachsene jedoch kann, wenn er wirklich will.

Deshalb schlage ich einem Klienten, der sagt „Ich kann nicht", immer vor, das „kann" durch „will" zu ersetzen, also zu sagen: „Ich will keine Nähe zulassen", „Ich will das nicht mehr aushalten". Damit merkt man sofort, dass man handlungsfähig wird. Hilflosigkeit und Ohnmacht sind mit einem Schlag weg. Dafür spüren wir aber dann unsere Verantwortlichkeit. Wenn ich nicht will, bin ich verantwortlich, wenn ich nicht kann, sind es die anderen. „Ich kann nicht" heißt, mir sind die Hände gebunden, und meine einzige Chance besteht darin, dass andere es für mich richten. „Ich will nicht" heißt, ich übernehme die volle Verantwortung für mein Nicht-Handeln. Damit bin ich im erwachsenen Gefühl.

Wenn man dies praktiziert, wird man sehr schnell feststellen, dass man tatsächlich nicht will. Meistens sieht man dann, dass man die Folgen des Handelns nicht in Kauf nehmen möchte. Bei dem Satz „Ich kann keine Nähe zulassen“ zeigt sich dann, dass ich lieber allein bleibe, als das Risiko des Verlassen-Werdens einzugehen. Als kürzlich in einer Paarberatung eine Frau sagte, „Ich kann das nicht länger aushalten, dass er immer Affären hat“, wirkte sie ganz klein, hilflos und verzweifelt. Als sie dann meinem Vorschlag folgte, den Satz mit „Ich will nicht ....“ zu sagen, richtete sich ihr vorher zusammengesunkener Körper sofort auf und ihr Gesicht wurde klar. „Ja, das stimmt“, sagte sie, „ich will das tatsächlich nicht mehr“. Jetzt blickte sie ihren Partner auch offen an, während sie vorher mit leerem Blick ins Nichts schaute. Dann aber wurden ihre Augen feucht – ihr war plötzlich klar, was das bedeutet: das wahrscheinliche Ende der Beziehung.

„Wie werde ich meine Wut los?“ Ein Fall aus der Praxis

Da dies ein immer wiederkehrendes Thema ist, möchte ich es an einem Fall aus meiner Praxis ausführlich illustrieren. Eine Frau kommt zur Beratung, weil sie einen ständigen unterschwelligen Groll hat, eine latente Wut, verbunden mit einem Gefühl der Hilflosigkeit. Sie macht seit vielen Jahren regelmäßig Bioenergetik, das tut ihr gut, aber an ihrem Groll hat sich nichts geändert. Auf Nachfrage nennt sie zwei Beispiele für ihre latente Wut und das Gefühl, ihr hilflos ausgeliefert zu sein und nichts machen zu können: Erstens ihren Wohnungsnachbarn, der vor allem morgens recht laut ist, was sie als sehr störend empfindet, zweitens ihre Mutter, die in einem guten Altenheim untergebracht ist, sich aber ständig über dies und jenes beschwert, vor allem über das Essen, obwohl dies durchaus gut sei. Beides macht sie innerlich wütend, und dieser Wut will sie auf den Grund gehen. Zum ersten Thema schlage ich ihr vor, sich eine andere, ruhigere Wohnung zu suchen. Das hat sie auch schon überlegt, aber sie habe, sagt sie, nicht die Kraft oder Entschlossenheit dazu, es bleibe immer bei dem Gedanken, obwohl ihr die Wohnung ansonsten gar nicht so wichtig sei. „Dann ist Ihnen der Ärger also lieber als ein Ortswechsel", sage ich ihr. Sie überlegt kurz und sagt dann: „Ja, das stimmt. Aber warum ist das so?" – Hier ist sie, die ewige Warum-Frage. Ich gehe aber nicht darauf ein, sondern sage: „Moment, halten Sie erst einmal inne. Spüren Sie das mal: Mein Ärger ist mir lieber als ein Wohnungswechsel. Machen Sie sich klar, dass sie ihn offenbar behalten wollen, egal warum. Sie mögen ihren Ärger, Sie lieben ihn!" – „Aber warum denn, das ist mir doch nicht angenehm?!"

So ähnlich laufen ganz viele Dialoge. Was bezweckt hier die Warum-Frage? Sie ist eine Ablenkung, sie lenkt von der unangenehmen Einsicht ab, dass die Frau ihren Ärger liebt und behalten will. Diese Einsicht, wenn sie wirklich genommen wird, könnte zu einer unmittelbaren Veränderung führen. Entweder würde der Lärm sie nicht mehr stören, sie würde ihn nicht mehr so wichtig nehmen, oder sie würde sich sofort entschlossen um eine neue Wohnung kümmern. Wenn sie jedoch stattdessen versucht, die Ursachen der Wut herauszufinden und anschließend zu beseitigen (das heißt, therapeutisch daran zu arbeiten), bräuchte sie nichts zu tun, um die Situation wirklich zu ändern. Die Warum-Frage und die Suche nach Ursachen und Gründen sind eine Vermeidung von Handeln und eine Vermeidung von Wandel, von wirklicher Veränderung. Und es ist eine Vermeidung von Verantwortung, denn anstatt dem Leben zu antworten, fragt man, warum es so ist, wie es ist.

In der Beratung ging es an diesem Punkt nicht weiter, also habe ich sie nach ihrer Mutter befragt. Die Klientin ist das einzige Kind, ihre Mutter hatte lange weit weg bei ihrer Zwillingsschwester gelebt. Weil das in den letzten Jahren nicht mehr gut funktionierte, hatte die Tochter ihr eine Wohnung in einem Altenwohnheim in ihrer Nähe besorgt, wo sie sich jetzt regelmäßig trafen. Ihren Vater kennt sie nicht. Ihre Mutter, ein naives Mädchen vom Land, das in der Stadt eine Lehre machte, hatte sich nach einem Fest von einem ihr unbekannten Mann – er war ein ausländischer Diplomat „mit einem Auto mit CD-Nummernschild" – nach Hause fahren lassen, wobei es „irgendwie" zur Zeugung eines Kindes gekommen war. Das war alles, was die Klientin wusste. Es gab auch Andeutungen der Mutter, dass das alles nicht ganz freiwillig von ihrer Seite gewesen sei, aber das glaubte die Klientin nicht, und näher nachgefragt hatte sie nie, weil das Thema die Mutter immer sehr stark aufwühlte, wenn sie es ansprach. Angeblich war der Mann dann verschwunden, und ihre Mutter hatte ihr als Kind immer gesagt: „Du hast keinen Vater". In der Schule hatte sie dann gehört, dass es so etwas nicht gibt, dass jedes Kind einen Vater hat, und das war eine sehr verstörende Erfahrung für sie gewesen, denn sie hatte ihrer Mutter, wie jedes kleine Kind, bis dahin alles geglaubt. Als Erwachsene hatte sie einmal in der Botschaft nachgefragt und erfahren, dass dieser Mann - den Namen hatte die Mutter ihr dann irgendwann einmal gesagt - tatsächlich dort gearbeitet hatte. Er sei ein sehr netter Mann gewesen, sagten die, die ihn noch kannten. Dabei hatte sie es dann belassen und keine weiteren Nachforschungen angestellt (hier begegnen wir demselben Muster wie bei dem potentiellen Wohnungswechsel: Sie fängt halbherzig etwas an und gibt dann auf. Das deutet auf eine innere Verbindung zwischen dem Vaterthema und ihrer Wut hin). Ich folge einem Impuls und wage einen Schuss ins Blaue: „Sie sind sauer auf Ihre Mutter." - „Da kann etwas dran sein, ich spüre nämlich meine Wut wieder viel stärker, seit ich sie regelmäßig treffe." Jetzt waren wir dem Grund ihrer Wut schon recht nah.

Das Kind hat es der Mutter übel genommen, dass diese ihr den Vater vorenthalten hat. Ob es auch eine Wut gegen den Vater gibt, habe ich in dieser Sitzung nicht weiter verfolgt - in einer Aufstellung, die einige Wochen danach in einer Gruppe erfolgte, die von dieser Geschichte nichts wusste, hat sich dazu allerdings das Gegenteil gezeigt: Die Stellvertreterin des Kindes - die, wie gesagt, die Geschichte der Klientin nicht kannte, ich hatte einfach nur sie sowie Vertreter für die Mutter und den Vater aufgestellt - fühlte sich sehr stark zum Vater hingezogen, hatte aber Angst vor der Reaktion der Mutter, wenn sie dieser Anziehung folgte. Wahrscheinlich hat dieser Mann nie erfahren, dass die Frau von dem einen Mal schwanger geworden ist und er eine Tochter hat. Die Mutter hatte dem Kind den Vater aber nicht nur vorenthalten, sondern es mit dem von diesem selbstverständlich (weil er von der Mutter kam) geglaubten Satz „Du hast keinen Vater" auch noch der späteren Lächerlichkeit in der Schule preisgegeben. Dies ist zumindest ein Aspekt und ein „Grund" für ihren latenten Groll. Ihn zu sehen, wirkte erleichternd für die Frau. Ihr Groll richtet sich heute ja nicht primär gegen die Mutter, sondern gegen alles und jeden. Mit dem konkreten Aufhänger „Mutter" hat er nun eine Richtung und eine Adressatin, er verwandelt sich von einem diffusen Gefühl zu einem konkreten, das auch zeitlich eingrenzbar ist. Was aber soll sie jetzt damit machen?

Es wäre absurd und kindisch, der Mutter Vorwürfe zu machen oder gar die Wut ihr gegenüber herauszulassen. Das weiß sie in ihrem erwachsenen Bewusstsein auch. Dennoch ist da dieses kindliche Gefühl, in mehrfacher Hinsicht betrogen worden zu sein, gepaart mit einem Gefühl der Hilflosigkeit, nichts daran ändern zu können. Dieses Gefühl ist aber, soweit es das Heute betrifft, falsch, denn sie kann durchaus etwas tun. Genauer gesagt: Es ist ein Kindergefühl, es stimmte für das Kind, aber es stimmt nicht mehr für die erwachsene Frau.

Das gilt es zu sehen und zu verstehen: dass dieses Gefühl *zugleich wahr und angemessen* ist (nämlich für das Kind) und *unwahr und unangemessen* (für die Erwachsene)! Es gibt nicht nur eine Wahrheit, es gibt mehrere. Was ein Kind fühlt, ist genauso wahr wie das, was ein Erwachsener erkennt, auch wenn dieses Erkennen umfassender ist. Daher darf die kindliche Wahrheit vom Erwachsenen (und generell von den Erwachsenen) nicht abgewehrt oder abgewertet werden, sondern muss in der erwachsenen Sicht aufgenommen und aufgehoben sein.

Das Kind in unserem Fall konnte die Mutter in der Tat nicht einfach verlassen, wo sollte es denn hin und wer sollte für es sorgen? Selbst wenn sich dafür jemand fände (im vorliegenden Fall hat sogar die Großmutter das Kind vorübergehend in ihrer Obhut gehabt), kann es dies nicht selbst entscheiden – ganz abgesehen davon, dass jedes Kind seine Mutter immer auch liebt und deshalb um keinen Preis verlassen möchte, egal, was sie ihm angetan hat. Unser Schmerz oder Zorn über elterliche Missachtung und Verletzung ist ja nur deswegen so groß, weil wir die Eltern auch lieben! Würden wir sie nicht lieben, wären sie uns wirklich egal, dann wäre es uns auch recht egal, wenn sie uns etwas angetan hätten, zumindest würden wir es mit der Zeit einfach vergessen.

In unserem Fall heißt das: Als Kind konnte die Frau nicht ihren Vater suchen, den ihr die Mutter vorenthalten hat, aber heute, als erwachsene Frau, kann sie dies, und zwar auch dann, wenn die Mutter dies nicht gutheißt und sich vielleicht sogar von ihr abwendet. Denn sie braucht die Mutter nicht mehr, und wenn die Mutter sie wirklich liebt, wird sie am Ende auch zustimmen, dass das Kind seinen Vater sucht.

Das bedeutet auch, dass an der Wut nichts falsch ist. Das Kind hat allen Grund, wütend zu sein auf die Mutter. Auch wenn diese es gut gemeint hat und ihr Kind liebt: Sie hat es in einer wichtigen Frage belogen und ihm den Vater gestohlen. Und den Schmerz der Mutter, ihre ungeklärte und vielleicht sehr schmerzhafte Beziehung zu diesem Mann und ihre inneren Konflikte, kann das Kind nicht kennen und verstehen. Daher wäre es grundfalsch, wenn die Frau sich innerlich gegen ihre Wut wendet, diese zu unterdrücken, zu bekämpfen oder irgendwie (auch durch Therapie!) zu besiegen versuchte. Die Wut – das Kind! – wird sich das nicht gefallen lassen. Daran ändert auch die Liebe des Kindes zur Mutter nichts, sie macht die Sache nur noch schmerzhafter und vertrackter, denn es ist ja genau diese Liebe, die es dem Kind quasi verbietet, auch nur nach dem Vater zu *fragen* (weil es sieht, dass es die Mutter damit in Schwierigkeiten bringt). Nicht die Wut ist also falsch, nicht die Gefühle des Kindes sind falsch, sondern die Identifizierung damit! Das Problem liegt allein darin, dass die erwachsene Frau die Gefühle des Kindes eins zu eins übernimmt, sich mit ihnen identifiziert, das heißt so fühlt und handelt, als ob sie immer noch dieses Kind wäre. Wenn man dies versteht, zeigt sich auch die Lösung: Es gilt zu sehen, dass die Wut zum Kind gehört und nicht zur Erwachsenen. Praktisch könnte sie sich das Kind innerlich vorstellen und ihm sagen: „Du darfst ruhig wütend sein, du hast allen Grund dazu." Damit wird das Kind gesehen und anerkannt, und dann kann es sich entspannen. Damit entspannt sich auch die Wut.

Jetzt wird auch klarer, was es bedeutet, dass jemand seine Symptome mehr liebt als die Lösung. Ich hatte der Frau ja in der Beratung gesagt: „Sie lieben Ihren Ärger, Sie wollen ihn behalten." Bei diesem Thema mag das ja noch halbwegs akzeptabel sein, aber manchmal muss man so etwas auch zu jemandem sagen, der Krebs hat oder eine andere schwere Krankheit. Das klingt dann äußerst brutal und anmaßend, trifft aber nichts desto trotz oft den Kern. Präziser wäre es zu sagen: „Sie lieben das Kind, das diese Wut berechtigterweise hatte, und Sie meinen, wenn Sie die Wut lassen, würden Sie auch das Kind im Stich lassen." Das ist in etwa der innere Vorgang: Man meint, man dürfe die kindlichen Gefühle nicht lassen, weil man das Kind damit im Stich lässt. Tatsächlich ist es aber so, dass man dessen Gefühle erst dann wirklich anerkennt, wenn man sie sieht: Zum Sehen jedoch muss man aus der Identifizierung heraustreten, man muss das Kind vor sich sehen mit seiner Wut und ihm diese ganz und gar lassen. Dann kann man auch das Symptom lassen.

Ebenso verhält es sich mit dem Gefühl der Ohnmacht, dem Gefühl, nicht handeln zu können. Das eigentliche Problem liegt darin, dass sich dieses kindliche Gefühl „Ich kann nicht" in das erwachsene Leben einmischt. Da dies ganz heimlich, unerkannt und unbewusst geschieht, ist man diesem Vorgang scheinbar hilflos ausgeliefert. Daher ist es wichtig, das Kind in seinem Innern zu *sehen*. Indem man auf das Kind *schaut* und dessen Gefühle *sieht* und von außen *wahrnimmt* (anstatt sie selbst zu fühlen), tritt eine erste Trennung ein: Es ist das Kind in einem, das hilflos, handlungsunfähig und sauer ist. Wenn man dies mit einer gewissen Distanz und zugleich einer inneren Anteilnahme (um nicht zu sagen: Liebe zum Kind) sieht, werden auch zwei andere Dinge bewusst. Erstens: Es bringt überhaupt nichts, die Wut auf die Mutter aufrecht zu erhalten oder ihr sogar entgegenzuschleudern. Damit wäre weder dem Kind geholfen noch der Erwachsenen.

Zweitens: Ich kann, anders als das Kind, jetzt handeln. Wenn ich es nicht tue, dann heißt das, dass ich es nicht *will*. Auf unseren Fall bezogen: Die Frau kann sich jederzeit aufmachen, um ihren Vater zu suchen und damit dem Kind in ihr das zu geben, was ihm damals gefehlt hat. Ob das der Mutter gefällt oder nicht, spielt für sie keine Rolle mehr, sie braucht es der Mutter noch nicht einmal zu sagen, es steht ihr auch nicht zu, die alte Frau damit zu behelligen. Es ist allein ihre Sache. Da sie erwachsen ist, braucht sie dazu nichts weiter als die Bereitschaft, es zu tun. Wenn sie es nicht tut, ist das selbstverständlich in Ordnung, aber es ist dann auch eine Entscheidung, die sie jetzt und in Freiheit trifft. Wenn sie dies sieht, gibt es für ihren Groll keinen Grund mehr – was damals war, ist vorbei, und was sie jetzt tut, liegt an ihr und nicht mehr an der Mutter. So würde sich die im Groll gefangene Energie in Handeln verwandeln und der Groll sich in Luft auflösen.

Perspektiven

Es gibt also eine kindliche Sicht des Lebens und eine erwachsene. Beide sind richtig. Weil die erwachsene umfassender und weiter ist, ist die kindliche nicht automatisch falsch. Sie ist nur anders. Sie ist kindgemäß und damit für das Kind richtig. Da sie kindgemäß ist, ist sie aber für den Erwachsenen nicht mehr richtig. Dennoch darf er sie nicht zurückweisen, denn damit würde er auch sein inneres Kind zurückweisen, und das lässt dieses sich nie gefallen. Genau deshalb kommen wir nie von unseren kindlichen Gefühlen los, wenn wir sie loswerden wollen. Die kindliche und die erwachsene Sicht sind einfach zwei verschiedene Perspektiven, die den jeweils ganz verschiedenen Lebenswirklichkeiten entsprechen. Wir müssen uns also die Perspektive anschauen, aus der wir das Leben und uns selbst betrachten. Wenn wir die Perspektive ändern, ändern sich auch unsere Probleme.

Ich mache ganz selten Übungen in meinen Kursen, aber eine kleine Übung mache ich ganz gerne: Ich fordere die Teilnehmer auf, sich des Platzes bewusst zu sein, auf dem sie sitzen, sich dann den Raum von dort aus anzuschauen, ihre Nachbarn rechts und links und dann die gesamte Gruppe und dabei wahrzunehmen, wie sich das alles anfühlt. Dann bitte ich sie, aufzustehen, sich einen anderen Platz zu suchen, sich dort hinzusetzen und von dort aus wieder den Raum, die anderen Teilnehmer und sich selbst wahrzunehmen. Das dauert etwa zwei Minuten, und sofort ist eine andere Stimmung im Raum. Die Gesichter hellen sich auf, manch einer schaut seinen neuen Nachbarn oder den Gegenüber an, als ob er ihn noch nie gesehen hätte. So ist es auch, wenn wir zu unseren Problemen, Ängsten, Schmerzen, Krankheiten, Sehnsüchten, neurotischen Mustern etc. eine andere Perspektive einnehmen. Mit der neuen Sicht ändern sie sich, und vielleicht sehen wir sie – genau wie die Wand, die bisher vor mir war und nach dem Platzwechsel hinter mir ist – gar nicht mehr.

Unsere Eltern sehen wir zum Beispiel fast immer aus der Kinderperspektive. Das gilt sowohl, wenn wir ihnen etwas vorwerfen, als auch, wenn wir sie in Schutz nehmen, sie als perfekte Eltern ansehen und nichts auf sie kommen lassen. Wenn wir sie aus einer erwachsenen Sicht anschauen, sehen wir zwei normale Menschen, die zwar andere, aber in der Summe zumeist nicht mehr Fehler und Schwächen oder Stärken haben als wir selbst. Wenn man ganz im erwachsenen Bewusstsein angekommen ist, ist man mit seinen Eltern vollkommen im Reinen. Weder wirft man ihnen etwas vor, noch meint man, es habe einem etwas gefehlt und man habe nicht genug von ihnen bekommen, noch will man sie ändern und wünscht, sie wären anders (gewesen), als sie sind oder waren, noch nimmt man sie in Schutz. Sie sind einfach die Menschen, die uns das Leben gegeben und zumeist auch für uns gesorgt haben, bis wir dies selber konnten. Dass sie dabei unvollkommen waren, ist menschlich. Wobei ich mit „menschlich" nicht meine, dass es eine verzeihliche Schwäche wäre (so wird das Wort ja oft benutzt, quasi als Entschuldigung für ein eigentlich nicht richtiges Verhalten).

Nein, ich meine tatsächlich *menschlich*, etwas, das dem Menschlichen wesenhaft eigen ist. Auch als Eltern bleiben wir Menschen und damit gewöhnlich und unvollkommen. Vielleicht ist es sogar ein Segen, denn wer könnte schon mit vollkommenen Eltern leben? Ein Kind hätte gerne vollkommene Eltern-Götter, und es ist enttäuscht, wenn das kindliche Götterbild bröckelt und die Eltern als gewöhnliche Menschen dastehen. Für einen Erwachsenen würden vollkommene Eltern jedoch bedeuten, dass er selbst auch vollkommen sein müsste. Wenn wir unsere Eltern unvollkommen sein lassen, müssen wir selbst auch keine vollkommenen Eltern sein (wer wäre das schon?), wenn wir ihnen ihre Sünden lassen, dürfen wir selbst auch sündigen. Dann wird das Leben leichter und wir selbst werden lebendiger.

Die Perspektive zu ändern bedeutet aber nicht, eine alte durch eine neue, andere Sicht der Dinge oder seiner Geschichte zu ersetzen. Damit würde das Alte nur ins Abseits gedrängt, von wo es mit Sicherheit durch die Hintertür wieder zum Vorschein kommt. Es ist wie bei der erwähnten Übung: Wenn man sich auf einen anderen Platz setzt, hat man zwar eine neue Perspektive und sieht Dinge, die man vorher nicht gesehen hat, aber die alte Perspektive und das, was man vorher gesehen hat, wird dadurch nicht falsch. So ist es auch mit der kindlichen und der erwachsenen Sicht der Welt, der Eltern und von sich selbst - es sind zwei ganz unterschiedliche Sichtweisen, die beide gültig sind. Zwar ist die Sicht eines Erwachsenen weiter und umfassender, aber das bedeutet nicht, dass die des Kindes falsch wäre. Sie sollte für einen Erwachsenen nicht mehr handlungsleitend sein, aber für das Kind war sie durchaus angemessen und in diesem Sinne auch richtig.

Wenn wir das als Erwachsene nicht anerkennen, wird sich das innere Kind in uns abgelehnt fühlen und uns in die Suppe spucken. Es anzuerkennen heißt jedoch nicht, ihm zu folgen. Die Kindheit ist vorbei. Es heißt vielmehr, dem Kind seine Kindheit mit allen Erfahrungen zu lassen, also auch den schweren und schmerzhaften. Genau da liegt die Schwierigkeit: Wir neigen dazu, uns mit dem leidenden Kind in uns zu identifizieren. Bert Hellinger hat diesen Mechanismus für die Beziehung mit unseren nächsten Angehörigen beschrieben, zum Beispiel mit Sätzen wie „Mama, ich gehe (sterbe) für dich" (an die Adresse einer schwerkranken Mutter) oder, wenn der Vater früh gestorben ist, „Papa, ich folge dir nach" oder an ein Geschwister, das früh gestorben ist, „Wenn du nicht leben darfst, will ich auch nicht". Das sind alles kindliche Sätze, die eine Solidarität im Leid ausdrücken und die kindliche Vorstellung offenbaren, durch eigenes Mitleiden oder stellvertretendes Leiden das Leid der anderen mildern zu können.

In den Familienaufstellungen, in denen Hellinger diese Sätze gefunden hat, hat sich gezeigt, dass Kinder tatsächlich so denken und fühlen. Wenn dies ans Licht kommt, indem man jemanden einen solchen Satz aussprechen lässt, zeigt sich dieses kindliche Gefühl im erwachsenen Menschen sehr klar. Damit wird deutlich, dass unser Leiden zu großen Teilen in einer unbewussten Anhänglichkeit an solche Kindergefühle besteht. Es zeigt sich aber auch, dass die Kranken oder Verstorbenen oder, allgemeiner gesprochen, diejenigen, denen man durch sein Mitleiden helfen will, diese Hilfe nicht möchten. Mitleid

Mitleid erzeugt mehr Leid

erzeugt nämlich nicht weniger, sondern mehr Leid. Es verdoppelt oder vervielfacht das Leid, wenn nicht nur einer leidet, sondern wegen seinem Leiden auch noch andere. Lösend und erleichternd für alle Beteiligten wäre das Gegenteil – das eigene Leben, die eigene Gesundheit, das eigene Glück mit beiden Händen zu ergreifen, auch und gerade angesichts der Krankheit, des Todes oder des Unglücks anderer, selbst wenn dies unsere Liebsten sind. Das verlangt jedoch ein erwachsenes Bewusstsein, für ein Kind ist dieser Schritt unmöglich, weil das Kind aus seiner Perspektive glaubt und glauben muss, dass es damit seine Zugehörigkeit zur Familie und damit seine eigene Existenz aufs Spiel setzt.

Ähnlich verhält es sich mit unserer inneren Beziehung zu dem Kind in uns selbst. Wenn wir innerlich mit Ereignissen in unserer Kindheit in Kontakt kommen, die sehr schmerzvoll für uns waren, leiden wir sofort mit, auch wenn seitdem bereits vierzig Jahre vergangen sein mögen. Meistens ist es sogar noch schlimmer – wir leiden nicht nur mit, wir identifizieren uns vollkommen mit dem Kind. So sehr und so automatisch, dass wir noch nicht einmal merken, dass die Person, die da plötzlich traurig oder wütend oder verzweifelt wird, weil der Ehemann einer anderen Frau hinterherschaut, das Kind in uns ist, das sich vom Vater nicht genügend beachtet gefühlt hat. In dem Moment *sind* wir wieder dieses Kind. Das wäre nicht weiter schlimm, wenn wir es merken und dann dabei belassen könnten – es wäre nicht nur nicht schlimm, es wäre sogar die Heilung –, aber dazu braucht es eine klare innere Bereitschaft und ein zumindest in

Ansätzen entwickeltes erwachsenes Bewusstsein. Meistens braucht es auch jemanden, der einem hilft, diesen Bewusstseinsraum kennenzulernen und ihn von anderen Bewusstseinsstufen unterscheiden zu lernen und sich auch dann darin aufhalten zu können, wenn die alten Kindergefühle einen zu übermannen drohen. Mit der Zeit kann man das dann zunehmend ohne fremde Hilfe, aber ganz schnell geht dies nicht.

Trauma

Ein besonderes Kapitel ist das Thema Trauma. Ich kann das hier nur streifen, eine gründliche Erörterung würde ein ganzes Buch erfordern. Das Thema ist „besonders" in zweifacher Hinsicht: Erstens führen kindliche und sonstige Traumatisierungen dazu, dass ein Teil unseres Bewusstseins in dem Trauma feststeckt und man daher bei Themen und Anlässen, die unser Unterbewusstsein mit dem Trauma in Verbindung bringt, ohne professionelle Hilfe nicht in eine innere Distanz zum Traumageschehen treten kann; damit ist der Zugang zum Erwachsenenbewusstsein für den Kontext, in dem das Trauma angesiedelt ist, mehr oder weniger versperrt. Zweitens ist Trauma ein Modethema in der Psychotherapie und den Medien, wobei schon kleine Verletzungen zu Traumata aufgeblasen werden. Die Folge ist, dass Menschen sich als traumatisiert betrachten, die es gar nicht sind, und hinter der Schutzwand „Ich habe ein Trauma" ihren Opferstatus verewigen. Ich möchte darauf nicht näher eingehen, erlaube mir aber, meinen Verdacht auszusprechen, dass die Inflation des Traumabegriffes mehr Traumatisierte hervorbringt, als die Traumatherapie heilen kann.

Und ich habe nicht selten erlebt, dass Menschen, die lange an ihren „Traumata“ gearbeitet haben, diese auch nach der Therapie mit Händen und Klauen verteidigen. Ihr Trauma ist ihnen sehr, sehr wichtig, und dazu tragen auch Therapeuten bei, die dem Thema Trauma eine besondere Bedeutung geben und meinen, man müsste da etwas ganz Besonderes machen.

Jungs Neurose

Was das für die Therapie bedeutet, kann man unter anderem an einer Geschichte von Carl Gustav Jung studieren. Jung wurde im Alter von knapp zwölf Jahren auf dem Schulweg von einem Mitschüler gestoßen, fiel mit dem Kopf gegen die Bordsteinkante und verlor kurz das Bewusstsein. Man brachte ihn zu zwei Tanten, die in der Nähe wohnten, und selbstverständlich ging er an diesem Tag nicht zur Schule. Am nächsten Tag wurde er in der Schule ohnmächtig. Von da an überkam ihn die Ohnmacht jedes Mal, wenn er zur Schule sollte oder auch nur Hausaufgaben machen wollte. Er fiel einfach um. Schließlich wurde er ein halbes Jahr vom Unterricht befreit. Die Ärzte waren ratlos und tippten schließlich auf Epilepsie. Ich schätze, wenn Trauma damals schon ein so populäres Thema gewesen wäre wie heute und er zu einem entsprechenden Therapeuten hätte gehen können, hätte dieser ein Trauma diagnostiziert und ihn einer Traumatherapie unterzogen.

Tatsächlich jedoch hatte Jung eine Neurose entwickelt.

Wie er sich später erinnerte, war ihm bei seinem Sturz ganz kurz der Gedanke durch den Kopf geschossen, „Jetzt musst du nicht mehr in die Schule gehen". Irgendwie hatte sich dieser Gedanke in seinem Unterbewusstsein festgesetzt: Wenn du ohnmächtig wirst, brauchst du nicht zur Schule zu gehen. Seine Ohnmachtsanfälle danach waren alle echt, er war ihnen scheinbar hilflos ausgeliefert. Aber sie waren keineswegs die direkte Folge, die Wirkung seines Sturzes (wie es die Traumatherapie annehmen würde), sondern etwas, was sein Unterbewusstsein immer wieder inszenierte, damit er nicht zu lernen brauchte.

Er selbst war die Ursache seiner Ohnmacht, nicht der Sturz. Dies begriff er, als er eines Tages ein Gespräch zwischen seinem Vater und einem Freund belauschte, bei dem sein Vater sagte: Ich weiß nicht, wovon der Junge einmal leben soll, wenn er nicht gesund wird. Da realisierte Jung: „Aha, da muss man arbeiten", um zu leben. Umgehend ging er in sein Zimmer, holte seine Lateingrammatik und begann zu lernen. Innerhalb der ersten Stunde hatte er drei Ohnmachtsanfälle, aber er rappelte sich immer wieder auf und arbeitete weiter – er war fest entschlossen, die Ohnmacht zu überwinden.

Nach dieser Stunde wurde er nie mehr ohnmächtig, und nach einigen Wochen ging er wieder zur Schule. Nicht nur das: Er stand jeden Morgen um fünf Uhr auf, um zu lernen. „Damals", so schreibt er, „hat meine Gewissenhaftigkeit angefangen, nicht zum Schein, damit ich etwas gelte, sondern als Gewissenhaftigkeit vor mir selber." Später entwickelte er aus dieser Geschichte seine Neurosentherapie. Deren Quintessenz: Man muss die

Neurose durchschauen als etwas selbst Inszeniertes, und die Inszenierung dient dazu, einen auf den Weg zu dem zu bringen, was man werden soll.[15]

Therapeutische Grundhaltung und Vorgehensweise bei seelischen Traumata

Mit dieser Geschichte möchte ich illustrieren, dass es nicht nur nicht hilfreich ist, alles als Trauma zu bezeichnen und einer entsprechenden Therapie zu unterziehen, sondern sogar kontraproduktiv sein und einer Heilung im Wege stehen kann. Damit will ich nicht das Traumakonzept und die Traumatherapie an sich in Frage stellen – ich halte sie im Gegenteil für sehr hilfreich –, sondern lediglich deren inflationäre Verwendung. Wenn (fast) alles Trauma ist, dann ist der Begriff nicht mehr trennscharf, und das schadet am Ende der Arbeit mit wirklich Traumatisierten und wird anderen seelischen Problemen und Schmerzen nicht gerecht.

Das Wort Trauma kommt aus dem Griechischen und bedeutet zunächst nichts anderes als Verletzung. Wie auf der körperlichen Ebene heilen auch im Seelischen die meisten Verletzungen von selbst, manche schneller, andere brauchen länger, einige vielleicht sehr lange. Oft bleiben Narben zurück, manchmal auch kleinere oder größere Behinderungen. Mit den meisten kann man, wie im Körperlichen auch, recht gut leben. Und wenn sie

15. Die Geschichte habe ich entnommen aus: Wolfgang Giegerich, Der Jungsche Begriff der Neurose, Frankfurt a.M. 1999, S. 39 ff. Alle Jung-Zitate ebenda.

einen zu sehr belasten, kann man sie zumeist auch recht gut behandeln, ohne dass man daraus eine große Sache machen muss. Wenn jemand aber sagt „Ich habe ein Trauma" oder „Du hast ein Trauma", dann drückt man damit aus, dass es eine große Sache sei, die nur mit großem Aufwand zu heilen sei, wenn überhaupt. Das trifft auf das meiste, was heute unter Trauma gehandelt wird, aber nicht zu. Ich halte es nur dann für sinnvoll, von einem seelischen Trauma zu sprechen, wenn ein Teil unserer Seele durch ein Ereignis, das sie nicht verarbeiten konnte, abgetötet oder dauerhaft gelähmt ist. Etwa so, wie wenn jemand auf der körperlichen Ebene ein Gelenk nicht mehr beugen kann, in einem Körperteil nichts mehr fühlt oder wegen eine Querschnittslähmung im Rollstuhl sitzt. Anders als auf der körperlichen Ebene lässt sich eine solche Lähmung im Seelischen wieder rückgängig machen und heilen. In allen anderen Fällen erschwert es aus meiner Sicht die Heilung, wenn man eine simple Verletzung als Trauma bezeichnet. Das gilt auch für das so genannte „übernommene Trauma" oder „Bindungssystemtrauma"[16], das unter Familienaufstellern eine große Rolle spielt. Gemeint ist damit ein Trauma, das man nicht selbst erfahren, sondern von seinen Eltern oder Großeltern übernommen hat (etwa wenn die Großmutter vergewaltigt wurde und die Enkelin Probleme mit der Sexualität hat, die damit zusammenhängen) und/oder wo ein ganzes Familiensystem traumatisiert wurde (wenn etwa der Vater die Mutter ermordet hat oder aufgrund einer Fahrlässigkeit der Eltern ein Kind gestorben

16. Franz Ruppert, Trauma, Bindung und Familienstellen, München 2004

ist oder viele Familienmitglieder bei einem Unfall zugleich ums Leben kamen oder getötet wurden). Hier haben wir es meistens nicht mit persönlichen Traumatisierungen zu tun, sondern mit einer Identifizierung mit dem Erleben einer anderen Person und dessen Folgen. Daher erfordert es auch keine Traumatherapie, sondern vielmehr eine Bewusstmachung der Identifizierung.

Es ist auch nicht so, dass man von einem bestimmten Geschehen auf ein Trauma schließen kann. Ich erwähne das, weil dies oft geschieht. Wer eine schwere Geburt hatte, muss kein Trauma haben (viele haben es nicht!), wer als Kind viel geschlagen wurde, ist höchst selten traumatisiert. Ähnliches gilt für Inzest und sexuellen Missbrauch, wenn dies nicht mit körperlicher Gewalt einherging oder sich über Jahre hingezogen hat[17].

17. Siehe Susan Clancy, The Trauma Myth, 2010, die eine der wenigen repräsentativen Studien zu diesem Thema durchgeführt hat. Sie befragte über einen Zeitraum von mehr als zehn Jahren an der Harvard Universität Personen mit Erfahrungen mit sexuellem Missbrauch, die durch Anzeigen in Zeitungen gewonnen wurden. Für ihre Stichprobe kam sie zu dem für sie selbst überraschenden Ergebnis (s. a. Interview in der SZ vom 17.06.2010, „Die Kinder fühlen sich im Stich gelassen"), dass die Menschen die Erfahrung selbst nur in weniger als 10 Prozent als traumatisch erinnerten, dass vielmehr die Bewertung der Umwelt („das muss doch schlimm, traumatisch gewesen sein") schwieriger zu verarbeiten war („mit mir muss etwas nicht stimmen, dass ich das nicht als traumatisch erlebe!") als das Ereignis selbst. Die Kontroversen um die Veröffentlichung dieser Ergebnisse und Clancy's persönliche Konsequenzen daraus zeigen allerdings auch, dass der Traumabegriff inzwischen schon zur politischen Waffe geworden ist. Susan Clancy - wir sprechen hier von einer sehr renommierten Forscherin der Harvard Universität (!) - ist wegen der Veröffentlichung der Studie so angefeindet worden (unter anderem wurde ihr die Bagatellisierung von Straftaten vorgeworfen), dass sie sich deshalb aus dieser Forschungsarbeit zurückgezogen hat.

Selbst bei Gewalt und schweren Verlusten kommt es oft nicht zu einem seelischen Trauma. Alle Soldaten der beiden Weltkriege haben schwerste Gewalt erfahren, haben getötet, Kameraden jämmerlich sterben sehen und Freunde verloren, und viele sind selbst mehr oder weniger schwer verwundet worden; alle Angehörigen zu Hause haben Verwandte und Geliebte verloren. Und so gut wie alle Jungen in Deutschland (und in den meisten anderen Ländern auch) sind bis vor wenigen Jahrzehnten nicht nur gelegentlich mal geschlagen, sondern regelmäßig körperlich gezüchtigt worden. Wenn die Erfahrung von Gewalt mehr oder weniger automatisch traumatisieren würde, wäre die gesamte Menschheit traumatisiert. Man kann das vielleicht so sehen, aber psychologisch macht der Begriff dann keinen Sinn mehr, zumindest nicht zur Unterscheidung verschiedener seelischer Verletzungen.

Offenbar kommt es sehr auf den Kontext an, in dem eine bestimmte Situation erfahren wird. Im Kontext des noch fast ungebrochenen Gruppenbewusstseins zu Beginn des 20. Jahrhunderts waren Kriegsgräuel quasi „normal". So hat zum Beispiel der Gefreite Adolf Hitler am Ende des 1. Weltkrieges – vordergründig aufgrund einer Senfgasvergiftung – eine „hysterische Blindheit" entwickelt (heute würde man von einem Trauma sprechen, das ihn erblinden ließ). Was seine Seele so schmerzte, dass er nicht mehr sehen konnte, waren aber nicht die vielen Toten, sondern die Niederlage Deutschlands. Entsprechend bestand die Heilung in der hypnotischen Suggestion, dass er ausersehen sei, diese Schande

Deutschlands wieder wettzumachen. Als sein Arzt dem immer noch blinden Hitler in einer Hypnosesitzung sagte, dass er tatsächlich erblindet sei, dass es aber bei ganz außergewöhnlichen Menschen möglich sei, so etwas zu überwinden, und dass dies dann ein untrügliches Zeichen einer Auserwählung sei, begann Hitler wenige Minuten später langsam wieder zu sehen.[18]

Auch weniger fanatischen Nationalisten galt das alltägliche Morden im Krieg damals als normal - ganz anders als heute, wo zigtausende amerikanische oder britische Soldaten, die manchmal nur wenige Monate im Irak oder vorher in Vietnam waren, schwer traumatisiert und im Leben vollkommen gescheitert sind oder sich umgebracht haben. Dies ist aus meiner Sicht die Folge der sukzessiven Ersetzung des Gruppenbewusstseins (für das die Niederlage der Nation schlimmer ist als persönliche Verluste) durch das Ich-Bewusstsein, in dem Krieg und Gewalt eine andere innere Bedeutung bekommen haben.[19]

Dass schwere Verluste, Gewalt oder sexueller Missbrauch - manchmal schwere - seelische Wunden zur Folge haben, steht außer Frage, aber die meisten heilen von selbst, schmerzen manchmal wieder ein wenig oder auch mal heftig und sind dann mit der Zeit relativ leicht zu heilen, wenn die Beteiligten - der Betroffene und der Therapeut - sie nicht größer machen, als sie sind. Oder man lernt, mit ihnen zu leben und macht vielleicht sogar etwas sehr Gutes daraus, ähnlich wie manche Körperbe-

18. Bernhard Horstmann: Hitler in Pasewalk, 2004 (Droste).

19. Wilfried Nelles, Das Leben hat keinen Rückwärtsgang, 2009, S. 85 ff.

hinderten aus ihrer Behinderung eine besondere Kraft ziehen und Großes schaffen.

Oft ist es gerade das Helfer- und Heilungsbedürfnis des Therapeuten oder – wie beim Thema „sexueller Missbrauch" – die Skandalisierung und Dramatisierung in der Öffentlichkeit, die einer natürlichen Heilung im Wege stehen. Viele Therapeuten (vor allem „alternative" Therapeuten) sind sehr kritisch gegenüber Ärzten, die bei jedem Schnupfen Antibiotika und bei jedem Wehwehchen Schmerztabletten verschreiben, aber sie sehen nicht, dass sie selbst bei jedem seelischen Wehwehchen ähnlich verfahren, indem sie die Sache zum Trauma erklären und damit ähnlich viel Schaden anrichten wie die Pillendoktoren.

Es gibt sicherlich Traumatisierungen, die eine lange Behandlung erfordern, und der Umgang mit Traumatisierten verlangt viel Einfühlungsvermögen. Aber er verlangt auch äußerste Schlichtheit, den Verzicht auf jede Dramatisierung, manchmal, wenn der Klient zum Drama neigt, auch eine bewusste Entdramatisierung. Wenn man das beachtet und nicht in jeder Verletzung ein Trauma sieht, sind die meisten dieser Verletzungen recht gut und manchmal auch recht schnell zu lösen. Damit ein Trauma wirklich heilen kann, muss man es vergessen, und das geht umso leichter, je weniger Energie (und Zeit und Geld) man in seine Bearbeitung gesteckt hat.

Wie das praktisch aussehen kann, möchte ich an einem Beispiel aus meiner therapeutischen Arbeit illustrieren. In einem Kurs bat mich die Organisatorin, mit dem

Beginn noch ein paar Minuten zu warten. Eine Teilnehmerin habe gerade angerufen, dass sie später käme, weil sie im Bus von einem Mann ins Gesicht geschlagen worden sei. Das sei übrigens ein Thema von ihr, sie sei vor ein paar Jahren bei einem Banküberfall als Geisel genommen worden und seitdem gehe es ihr sehr schlecht (die Organisatorin des Kurses ist Ärztin und behandelte die Teilnehmerin). Kurze Zeit später kam die Frau und hielt sich eine Hand mit einem Taschentuch an ihren linken Wangenknochen. Dort war eine Schwellung, aber nicht besonders schlimm. Die Ärztin gab ihr ein homöopathisches Mittel und ich sagte ihr, sie möge erst einmal ankommen, sich einen Platz suchen und dann so gut es gehe meinen Einführungsvortrag anhören, danach würde ich dann mit ihr arbeiten. Nach dem Vortrag und einer anschließenden Kaffeepause hatte sie sich einigermaßen beruhigt. Als sie sich neben mich setzte (das ist quasi der Behandlungsstuhl), sagte sie als erstes: „Ich bin das geborene Opfer, ich habe das so satt und möchte unbedingt da raus." Ich bat sie, mir zunächst zu erzählen, was im Bus passiert sei, und zwar so, dass alle es gut verstehen können.

Das ist immer meine erste und wichtigste Intervention bei potentiell traumatischen Erfahrungen: Ich fordere die Betroffenen auf, zu berichten, und zwar sachlich und möglichst genau und für alle verständlich. Wenn es ihnen sehr schwer fällt, bitte ich sie zwischendurch immer wieder mal, mich anzuschauen. Damit halte ich ihr Bewusstsein im erwachsenen Selbst und im Hier und Jetzt. Sie sind dann die Person, die das Schlimme erlebt hat, zugleich aber auch die Person, die es überlebt hat und jetzt hier sitzt und über das Erlebte sprechen kann. Das schafft Distanz zum Trauma und macht deutlich, dass das Schlimme vorbei ist. Das ist deshalb so wichtig, weil in der traumatisierenden Situation das Ende der Bedrohung nicht bewusst erlebt wird. Nur deshalb entsteht überhaupt das Trauma, also eine nicht heil werdende Wunde: weil wir nicht wirklich bemerkt haben, dass die Bedrohung vorbei ist, weil unsere Erinnerung in der Bedrohung festgefroren ist und deren Ende nicht bewusst wahrgenommen wurde.

Die Frau berichtete also, was im Bus geschehen war. Eigentlich war es recht harmlos: Ein Mann hatte zu spät bemerkt, dass er an einer Haltestelle aussteigen musste, hastete dann mit rudernden Armen zum Ausgang und traf dabei unglücklicherweise die Frau ins Gesicht. Im ersten Moment hatte sie aber gedacht, der Mann, ein junger „Ausländer", habe sie einfach nur geschlagen, denn sie war zunächst benommen und im Schock. Erst das Gespräch in der Gruppe löste den Schock und ließ sie die Sache gelassener sehen. Ich hätte die Angelegenheit so stehen gelassen, wenn es nur um diese Situation gegangen wäre. Aber ihre Aussage vom geborenen Opfer und die Information über die Geiselnahme (auch das waren Ausländer oder Migranten, daher die Erwähnung und die Assoziation) stellten die Geschichte natürlich in einen größeren Kontext und verwiesen auf (mindestens) eine tatsächlich traumatische Erfahrung. Also sagte ich: „Ich habe gehört, du bist bei einem Banküberfall als Geisel genommen worden." Als sie bejahte, habe ich gesagt: „Dann könnte man also auch sagen, du bist ein Glückspilz. Du musst einen verdammt guten Schutzengel haben, dass du das und wahrscheinlich noch einiges andere überlebt hast und dabei immer noch richtig gut aussiehst!"

Jetzt schaute sie etwas überrascht, nickte dann mit dem Kopf und sagte nachdenklich: „Ja, das stimmt eigentlich, so kann man es wohl auch sehen – Ja, ich habe wohl einen wirklich guten Schutzengel." – „Dann merk dir das mal. Mach dir ganz bewusst, dass du das alles gut überstanden hast, und spüre deinen Schutzengel."

Jetzt lächelte sie mich an, für Momente hatte sie das ewige Opfer vergessen. Ein kleiner Perspektivenwechsel, der etwas Abstand schaffte und sie ins Jetzt brachte. Dann habe ich sie nach dem Überfall gefragt, und sie berichtete recht ruhig, wie sich alle an die Wand stellen mussten und jemand ihr dann eine Pistole an den Kopf gehalten und gedroht habe, sie zu erschießen, wenn seinen Anweisungen nicht Folge geleistet würde. Während sie sprach, begann ihr Körper leicht zu zittern, zuerst ihr Kinn, dann die Hände und die Beine. Unwillkürlich versuchte sie, das Zittern unter Kontrolle zu halten. Untergründig fürchtete sie, obwohl ihr weder das Zittern noch ihre Kontrollversuche wirklich bewusst waren, in die Geiselgeschichte und damit in ihr Trauma abzugleiten. Ich machte sie darauf aufmerksam, sie solle nichts dagegen machen, das Zittern sei gut.

Dann habe ich eine Geschichte aus einem Buch des Traumatherapeuten Peter Levine erzählt, der berichtet, wie wilde Tiere zittern und wie verrückt umherspringen, nachdem sie einer tödlichen Gefahr entronnen sind und die Schockstarre vorbei ist. Nach Levine entwickeln sie deshalb kein Trauma, weil sie so die im Schock erstarrten Körper- und Gehirnzellen durch das Zittern und

Springen sofort wieder aktivieren. Wir Menschen haben diesen Instinkt verloren und verharren in der Erstarrung (Haustiere übrigens auch). Das Zittern, das danach spontan auftritt oder wenn man sich wieder an die Bedrohung erinnert, sei eigentlich ein gesundes Zeichen für eine beginnende Selbstregulation, die wir aber meist unterbinden, weil wir Angst davor haben, das alles noch einmal zu durchleben. Ein zentrales Element der Traumatherapie bestehe daher darin, diese Selbstregulation zu ermöglichen, indem man dem Opfer einen Rahmen gebe, in dem es sich sicher und aufgehoben fühlt und keine Angst hat, dass ihm etwas passiert.

Solche Geschichten haben eine doppelte Wirkung, sie tragen etwas zum Thema bei und halten damit den thematischen Fokus, lenken aber gleichzeitig ab vom Opfergefühl und unterstützen damit die innere Distanz, die notwendig ist, um sich selbst zu sehen. Ich achte dabei darauf, dass die Klientin mir tatsächlich zuhört und nicht in ihrer eigenen Geschichte verschwindet. Nebenbei habe ich ihr gesagt, sie soll dass Zittern ruhig geschehen lassen, ich würde sie schon halten. Dazu habe ich ihr zunächst angeboten, ihre Hand in meiner Hand liegen (und zittern) zu lassen, und dann habe ich sie, nachdem ich die Levine-Geschichte zu Ende erzählt hatte und das Zittern stärker wurde, in den Arm genommen und sie gebeten, ihren Kopf an meine Schulter zu lehnen und ihren Arm um mich zu legen. Sofort wurde das Zittern noch stärker und ging dann über in ein heftiges Weinen. Ich habe sie fester gehalten und ruhig mit ihr geredet, um ihr ein Gefühl von Sicherheit zu geben.

Plötzlich war sie nicht mehr in dem Geiseldrama, sondern einem ganz anderen: dem ihrer Geburt.

Ich habe sie, während sie zitternd und heftig schluchzend in meinem Arm lag, gefragt, was denn bei ihrer Geburt gewesen sei, und sie berichtete, sie habe 36 Stunden gedauert und sowohl sie selbst als auch ihre Mutter seien dabei fast gestorben. In letzter Minute hätte der Arzt dann einen Kaiserschnitt gemacht. Danach hat es dann einige Zeit gedauert, bis sie wieder zu ihrer Mutter konnte. Damit hatten wir also das ganze Thema des *„geborenen Opfers"*. Als das Zittern und das Weinen nach einer Weile abebbten, habe ich zu ihr gesagt: „Jemand, der so etwas gut überlebt hat, ist nicht totzukriegen. Du bist ganz zäh und wirklich gestählt fürs Leben. Andere wären an der Geiselnahme zerbrochen, du nicht." Da hat sie gelacht und gesagt: „Ja, das stimmt, ich bin wirklich zäh. Und das mit der Geiselgeschichte stimmt auch, es ist eigentlich nicht mehr so schlimm für mich." Am nächsten Tag war sie verwandelt und fest entschlossen, sich nicht mehr als Opfer zu sehen, sondern als jemand, der tiefe und schwere Erfahrungen gemacht und diese fast wie ein Wunder überlebt hat. Mit dieser Perspektive wird sie anders leben und auch andere Erfahrungen anziehen als bisher.

Ich behaupte damit nicht, dass bei der Frau alles gelöst wäre. Was gelöst ist, ist die traumatische Erstarrung und die völlige innere Identifizierung mit dem Trauma. Damit kann ein Heilungsprozess beginnen, der aber durchaus noch lange dauern kann und auch noch viel Schmerzhaftes an die Oberfläche bringen dürfte. Mir geht es hier, wie gesagt, nicht um eine erschöpfende Erörterung des Trauma-Themas, sondern um eine Darlegung der Grundhaltung, die wir dazu einnehmen. Das Entscheidende bei der Bearbeitung von traumatischen Erfahrungen ist, dass der Betroffene von seinem erwachsenen Bewusstsein aus auf die traumatisierende Situation schaut und sie dann so klar wie möglich beschreibt. Zugleich muss er dabei aber auch mit seinen Gefühlen verbunden sein. Dabei wird er einen fast unwiderstehlichen Sog empfinden, der ihn aus seinem beobachtenden und berichtenden erwachsenen Selbst in das Traumageschehen und das damit verbundene, völlig hilflose und ausgelieferte Opfergefühl herabzieht.

Diesem Sog muss man widerstehen, denn sonst kann man das Gefühl nicht bewusst wahrnehmen, sondern wird vollkommen von ihm vereinnahmt. Die Heilung geschieht aber auf genau umgekehrte Weise, nämlich indem man das Gefühl in sich aufnimmt und nicht sich selbst im Gefühl aufgibt. Dazu muss man mit dem Gefühl in Kontakt oder verbunden und zugleich davon getrennt (aber nicht abgeschnitten) sein. Meistens, anfangs eigentlich immer, braucht es dazu einen Begleiter, der einem hilft, in der Beobachterposition des wachen Selbst zu bleiben. Dazu muss der Begleiter selbst in dieser Haltung sein und nicht etwa in Mitleid mit dem Opfer oder Empörung über den Täter verfallen. Leider tun das viele, die sich für Helfer halten. In Wirklichkeit werden sie dann jedoch zu Komplizen des Opfers, machen ihm sein Opfersein bequemer und halten ihn darin fest, anstatt ihm herauszuhelfen.

Eine großartige Hilfe ist dabei die Aufstellungsmethode, denn bei Aufstellungen ist der Klient quasi zweigeteilt: Er selbst sitzt neben dem Aufstellungsleiter und beobachtet von dort sein zweites Ich, seinen Stellvertreter, der für ihn in der Aufstellung steht bzw. sich bewegt. Der Stellvertreter kann (und wird, wenn er sich ganz seinen inneren Bewegungen überlässt) in das traumatische Geschehen eintauchen und es voll durchleben, und der Klient kann sich selbst von außen sehen. Da es außerhalb von ihm abläuft, ist er in Sicherheit und braucht das Schlimme nicht noch einmal zu erleben und zu durchleiden; er kann sich jederzeit bewusst bleiben, dass dies alles zwar mit ihm geschehen ist, er aber jetzt hier sitzt, was bedeutet, dass er es überstanden hat. Zugleich berührt ihn das, was er sieht, aber ganz tief, es erreicht all seine Sinne und Gefühle. Dadurch wird das, was in seinem Körper, in seinem Gehirn und in seiner Seele eingefroren und gelähmt war, unmittelbar angesprochen und aktiviert. Im ersten Moment tut dies sehr weh, etwa so, wie es brennt und schmerzt, wenn eingefrorene Finger in die Wärme kommen und wieder durchblutet werden, dann aber spürt man das Leben und vergisst den Schmerz. Das geht meist sehr schnell, manchmal in wenigen Sekunden.

Allerdings ist man auch bei einer Aufstellung nicht gefeit davor, wieder ins Trauma abzusinken oder sich zumindest innerlich mit dem traumatisierten Teil seiner selbst zu identifizieren, sich selbst leid zu tun und das arme Kind (oder wer auch immer traumatisiert wurde) zu bedauern. Dann wird auch die dramatischste Aufstellung nichts bewirken. Das Drama in Aufstellungen kann sogar einer guten Wirkung im Wege stehen, wenn sich der Klient davon einnehmen lässt. Die Gefahr dafür ist am größten, wenn auch der Aufstellungsleiter der emotionalen Intensität, dem Schrecken oder der Faszination einer dramatischen Aufstellung erliegt. Dann sind alle tief bewegt, viele haben Rotz und Wasser geheult, aber nichts ist wirklich gelöst. Leider geschieht dies sehr oft, wobei emotionale Intensität, innere Bewegtheit und äußere Dramatik mit Tiefe und Lösung verwechselt werden.

Es ist nichts gelöst, weil es für eine Lösung Abstand braucht, genauer gesagt Nähe und Abstand zugleich. Das mag wie die Quadratur des Kreises klingen, ist aber durchaus möglich. Voraussetzung ist, dass das Bewusstsein – am besten die ganze Zeit über, nicht nur am Anfang und Ende des Prozesses – im erwachsenen Selbst bleibt und von dort aus das Erleben und Leiden des kindlichen (traumatisierten) Anteils seiner selbst sieht und spürt. Damit geschieht die innere Trennung und Lösung vom Trauma. Um diesen Prozess zu unterstützen, rede ich zum Beispiel manchmal ganz normal mit dem neben mir sitzenden Klienten, während sich sein Stellvertreter vielleicht vor Schmerzen am Boden krümmt oder heftig weint oder vor Angst und Schreck ganz starr ist. Ich könnte zum Beispiel sagen: „Schau mal, welch riesige Angst du damals gehabt hast", oder „Das tut dem Kind wirklich sehr weh, aber jetzt sitzt du ja hier und es ist vorbei" – irgendetwas, was dem Betroffenen hilft, dem alten Gefühl nah zu sein, ohne darüber zu vergessen, dass er jetzt hier und in Sicherheit ist und das alles überstanden hat. Denn nur wenn er sich nicht mit seinem leidenden Anteil identifiziert, wird dieser wirklich gesehen, und nur wenn er gesehen wird, wird er auch erlöst. Auch eine leichte körperliche Berührung wie das leichte und offene Halten einer Hand ist meist sehr hilfreich, da es die körperlichen Reaktionen zur Entladung des Traumas (wie das erwähnte Zittern) unterstützt. Dabei darf der Begleiter den Klienten aber nicht bedauern oder bemuttern und auch nicht zu sehr halten, sonst unterstützt er nur dessen ohnehin sehr starke Tendenz, wieder ins Leiden zu sinken.

Was kann man selbst tun?

Aber was tun, wenn kein professioneller Begleiter da ist? Auch dann gilt: Sprechen Sie aus, was Sie empfinden, und wenn Sie nichts fühlen, dann sprechen Sie das aus. Meistens wird eine alte Wunde in uns angerührt, wenn wir mit anderen Personen zusammen sind. Der andere, meist eine Person, die uns sehr nahe steht oder sehr wichtig ist, „drückt den Knopf", mit dem sich die Tür zu unserem Schmerz (oder, bei einem Trauma, zu unserer inneren Lähmung) öffnet. Dann ist es gut, das, was man empfindet, so gut wie möglich auszusprechen, aber ohne es auszuagieren. Sobald man in die Emotion hineingeht und nicht nur darüber berichtet, ist man verloren. Dann empfehle ich, sich so schnell wie möglich zurückzuziehen.

Ich möchte dazu zwei persönliche Erfahrungen berichten, von denen die erste vielleicht mit Trauma zu tun hatte, die zweite mit einer sehr schmerzhaften Erfahrung in meiner frühen Kindheit, die ich aber nicht als Trauma betrachte. Letztere mag auch geeignet sein, den Unterschied zwischen einer schmerzhaften Wunde und einem Trauma noch einmal zu verdeutlichen. Ich kam früher gelegentlich in einen Zustand, in dem ich nicht nur nichts mehr fühlte, sondern auch nicht mehr denken konnte. Es fühlte sich an wie totaler Stillstand oder völlige Lähmung oder auch Abwesenheit. Es war das genaue Gegenteil der lebendigen Stille, die man in tiefer Meditation erfahren kann, denn die ist zwar ebenfalls bewegungslos, aber zugleich ganz wach und klar und leicht. Was ich spürte, war die Lähmung, die im Schockzustand eintritt, ohne dass mir das anfangs bewusst gewesen wäre. Ich fühlte mich vollkommen hilflos, ausgeliefert und innerlich versteinert. Dieser Zustand trat, soweit ich mich erinnere, manchmal auf, wenn ich beschuldigt und angeklagt wurde, und zwar dann, wenn ich von mehreren Personen attackiert und/oder von jemandem massiv angegangen wurde, ohne dass ich mir im Geringsten erklären konnte wieso. In einer dieser Situationen habe ich dann, als ich in einer Art Gruppentribunal aufgefordert wurde, zu bestimmten Vorwürfen Stellung zu nehmen, nur ganz kurz ausgesprochen, was gerade in mir vorging. Ich habe gesagt: „Ich kann jetzt gar nichts dazu sagen (zu den Vorwürfen), weil ich im Moment weder fühlen noch denken kann. Ich bin in einer Art Schock, ich weiß nicht warum, es ist einfach so. Ich gehe jetzt."

Ich hatte vielleicht das Glück, dass alle Beteiligten dieses Meetings einiges an Selbsterfahrung hinter sich hatten, so dass sie das so akzeptierten. Aber das war mir in dem

Moment egal, denn es ging mir nicht um die anderen, sondern nur um mich, und es ging mir nicht um ihre Vorwürfe und meine Stellungnahme, sondern um das, was dies alles in mir auslöste. Sobald ich ausgesprochen hatte, was ich fühlte bzw., dass ich unfähig war, zu fühlen und zu denken, ging es mir besser. Ich hatte immer noch keine Ahnung, um was es eigentlich ging, aber ich fühlte mich freier. Als ich den Raum verlassen hatte, wusste ich, dass ich die Tätigkeit, die ich in dieser Gruppe verrichtete, aufgeben und auch die Gruppe verlassen würde.

Das ist über zwanzig Jahre her, seitdem bin ich nie mehr in einen solchen Schockzustand geraten, in dem ich mir nicht mehr zu helfen wusste. Das Schockgefühl ist danach noch ein paar Mal aufgetaucht, aber viel leichter, und ich habe jedes Mal ähnlich gehandelt: Ich habe gesagt, ich kann jetzt nicht antworten, weil ich gerade nicht denken und auch nicht fühlen kann, dann löste sich die Starre und ich habe mich aus dem Gespräch zurückgezogen. Später konnte ich es dann wieder aufgreifen und normal reden.

Was hinter diesen Schockzuständen steckt, weiß ich nicht. Es fühlt sich nicht wie etwas persönlich Erlebtes an, vielleicht ist es ein kollektives Trauma oder etwas Ähnliches, mit dem ich irgendwie innerlich verbunden oder identifiziert bin oder war, aber das ist nicht wichtig. Man muss nicht alles aufdecken, man braucht nicht zu wissen, woher etwas kommt. Viel wichtiger ist es, einen Weg zu finden, damit umzugehen oder angemessen zu antworten auf das, was gerade geschieht. Das ist Selbst-Verantwortung.

Die zweite Geschichte ereignete sich wenige Jahre später bei einem Spaziergang mit meiner Frau. Es gab ein immer wieder auftauchendes Muster in unserer Kommunikation, das mich zu Weißglut und Verzweiflung trieb: Sie fragte etwas, wobei sie die Antwort nur am Rande interessierte, wenn überhaupt. Ich aber nahm die Frage ernst und antwortete gewissenhaft und manchmal auch ausführlich. Unterdessen hatte sie ihre Frage aber schon wieder vergessen und war innerlich schon bei einem anderen Thema, und je mehr ich redete (unbewusst nahm ich ihre Abwesenheit wahr und sprach lauter und intensiver), umso mehr nervte ich sie.

Irgendwann kam dann mein Vorwurf: „Du hörst mir überhaupt nicht zu!", den sie konterte mit: „Und du redest immer wie ein Lehrer auf mich ein!" Nicht selten eskalierte das Ganze zu einem heftigen und lauten Streit, in dem die Sache selbst längst vergessen war (sie war meist auch völlig unwichtig), und danach konnte ich oft erst nach Stunden oder gar erst am nächsten Tag unter großer Überwindung wieder mit ihr sprechen und musste dabei sehr aufpassen, das Ganze nicht zu wiederholen. Ich fühlte mich zutiefst gekränkt (weil ich es doch nur gut gemeint hatte und ihre Frage beantworten wollte), unverstanden und zurückgewiesen.

Genau dies passierte dann auf dem erwähnten Spaziergang, sie fragt, ich antworte und merke, sie ist schon wieder ganz woanders und hört mir nicht zu. Das Spiel gegenseitiger Vorwürfe beginnt, und ich höre mich sagen: „Das fühlt sich für mich an wie Verrat". Wahrscheinlich hatte ich das oder Ähnliches schon oft gesagt, aber in dem Moment hörte ich das Wort „Verrat" zum ersten Mal wirklich, und es durchzuckte mich der Gedanke: Das stimmt nicht, dieses Wort passt nicht, es ist viel zu groß für das, was hier abgeht. Ich bleibe stehen und weiß im selben Moment: Der Verrat hat nichts mit meiner Frau zu tun, dieses Gefühl gehört schon ewig zu mir, ich *bin* verraten worden, aber nicht von ihr. Es schnürt mir die Luft ab, ich kann keinen Schritt mehr gehen, bleibe stehen und für Sekunden – vielleicht auch nur für eine einzige Sekunde – ist da ein unglaublicher Schmerz. Und dann ist es vorbei, ich atme wieder normal, gehe langsam weiter, sage aber zu meiner Frau, dass da gerade etwas Wichtiges in mir geschieht und dass ich eine Weile allein und still hinter ihr gehen möchte.

Im selben Moment weiß oder fühle ich auch, wo der Verrat geschehen ist und wieso wir immer in diesen Streit geraten sind (jedenfalls was meinen Anteil daran betrifft): Mit zwei Jahren musste ich ins Krankenhaus, ich hatte Klumpfüße, die gebrochen und neu gerichtet wurden. Meine Mutter brachte mich, zusammen mit meinem Opa, in die Uniklinik nach Köln, wo sie mich die nächsten vier Wochen nicht besuchen durfte. Ich ahnte, dass sie mich alleinlassen würde, und habe mich an ihr festgehalten. Die einzige Lösung, die ihr einfiel, um sich von mir zu lösen, war, dass sie zu mir sagte: „Zeige dem Onkel Doktor doch mal, was du schon alles weißt". Ich war wohl geistig sehr frühreif und konnte schon bis zehn oder zwanzig zählen und das Alphabet aufsagen. Der Arzt heuchelte Interesse, ich begann zu reden und war genug abgelenkt, dass meine Mutter sich von mir befreien und aus dem Raum flüchten konnte. Das war der Verrat! Natürlich kein objektiver; meine Mutter hat alles richtig gemacht, aber aus der Kindersicht und für die Kinderseele war es Verrat. Und jedes Mal, wenn meine Frau ein Interesse vorgab an dem, was ich wusste, und nicht wirklich interessiert war, rutschte ich innerlich in diese Erfahrung. Ohne es zu merken wurde sie meine Mutter und ich der verratene kleine Junge.

Nun mag man denken, dass meine Frau hätte sensibler sein können in ihrer Kommunikation, oder wir hätten vielleicht beide ein Kommunikationstraining machen sollen, aber das ist nicht der Punkt. Mein Gefühl, dass andere mir nicht zuhören, mich nicht verstehen, so tun als ob und mich aufs Glatteis führen, hatte ich ja auch nicht nur bei ihr, es war dort nur am schmerzhaftesten. Der Punkt ist für mich, dass ich das gebraucht habe. Es war absolut richtig so, wie es war. Ohne ihr Verhalten hätte ich nicht mein Muster *ent-decken* können. So aber hat sie mir geholfen, diesen unsäglichen Schmerz, der seit vierzig Jahren in mir steckte, zu fühlen. Da ich ihn als Erwachsener gefühlt habe und mir dabei bewusst war, dass dies dem Kind in mir passiert ist, das ich längst nicht mehr bin, war er fast im selben Moment vorbei. Er ist in dieser Form und Intensität nicht wiedergekommen. Die Situation ist in unseren (oder anderen) Gesprächen noch oft aufgetaucht, manchmal bin ich aus Gewohnheit noch ein wenig in mein Muster geraten, aber das wurde immer seltener und der Schmerz wurde immer schwächer. Nach und nach war ich in der Lage, gleich zu erkennen, ob sie eine Frage ernst meint oder nicht. Dann frage ich, ob ihr die Frage wirklich wichtig ist, oder sage: „Ich habe das Gefühl, du hörst nicht zu und es interessiert dich nicht“ und höre auf zu reden, und zwar ohne beleidigt zu sein.

Ich berichte diese Episoden, um zu zeigen, dass und wie man sich auch selbst helfen kann und dass und wie auch tiefe Wunden heilen können, und zwar im Handumdrehen. Man muss nur die Kraft und den Mut haben, den anderen nicht für seinen Schmerz verantwortlich zu machen, sondern den Schmerz als etwas Eigenes zu sehen, das völlig unabhängig vom Auslöser in einem selbst steckt. Auch ich habe diesen Mut und die notwendige Geistesgegenwart nicht immer, sie sind das Ergebnis langjähriger innerer Auseinandersetzungen mit den eigenen Gefühlen und dann auch einer momentanen Gnade. Tausendmal habe ich die Verantwortung für meine Gefühle dem anderen zugeschoben, aber wenn es einem einige Male gelungen ist, den anderen ganz aus dem Spiel zu lassen und sich dem Schmerz selbst zu stellen, geht es allmählich immer leichter. Ich weiß, dass man es lernen kann, deshalb erzähle ich diese Geschichten.

Noch kurz zum Thema Trauma: Ich halte meine Krankenhauserfahrung nicht für ein Trauma, weil ein richtiges Trauma einen völlig handlungsunfähig macht, wenn man ihm wieder begegnet. Ich jedoch war immer handlungsfähig, wenn auch nicht situationsadäquat. Ich habe verzweifelt versucht, mir Gehör zu verschaffen, habe gekämpft und gelitten. Hinterher war ich zwar stundenlang blockiert, aber das fühlte sich anders an als die völlige Starre einer Retraumatisierung. Nach einer Weile konnte ich meine Frau in die Arme nehmen oder zulassen, dass sie dies tat, und dann war es wieder gut. Auch das war wie bei meiner Mutter. Ich denke, die Situation im Krankenhaus hat durchaus das Potential zu einem Trauma gehabt, aber da ich tief in mir drin wusste, dass meine Mutter mich liebt, ist es nicht dazu gekommen. Ein tiefer verborgener Schmerz, ein Schmerz des Nicht-Verstehens und Nicht-Verstanden-Werdens – und zwar von dem Menschen, der mir nah war wie kein anderer und von dem ich abhing wie von keinem anderen und der mich doch verstehen *musste* – ist zwar lange geblieben, aber ein noch tieferes Wissen um das Aufgehobensein in der Liebe meiner Mutter hat verhindert, dass ich mich – wie es bei einem Trauma der Fall ist – als vollkommen ausgeliefert, allein und verloren erlebte.

Deshalb möchte ich hier noch einmal einen der Kernsätze Bert Hellingers für Therapeuten unterstreichen: Man muss schauen, wo die Liebe fließt. Wenn man dies ans Licht bringt, geht das Schlimme vorbei. Hinzufügen möchte ich: Und man muss sich dem aussetzen, was das Leben einem bringt, es an sich heran und in sich herein lassen, dann heilt einen das Leben.

Das Leben heilt

Die beiden Geschichten zeigen auch: Das Leben heilt, wenn man es gewähren lässt. Es heilt allerdings auf eine merkwürdige Art und Weise, die die meisten nicht durchschauen oder auch nicht sehen *wollen*: Es setzt uns Dinge vor, die wir nicht mögen, die unseren Vorstellungen, wie es sein sollte, entgegenstehen, und die uns mitunter auch sehr weh tun. Das kann ein Lebenspartner sein, der mit der Zeit ganz anders erscheint, als man zunächst gedacht hat, und vielleicht Dinge tut, die man nicht mag oder nicht gutheißt oder die einen (scheinbar) verletzen; eine Beziehung, die sich ganz anders entwickelt, als es dem Bild entspricht, dass man sich davon gemacht hat; eine Schwangerschaft, die man nicht wollte, ein Kollege oder Chef im Beruf, der unangenehm ist, aber auch eine Krankheit, vielleicht sogar eine schwere, der Tod von geliebten Menschen oder auch etwas Kollektives, eine Naturkatastrophe, eine schwere Wirtschaftskrise, der Zusammenbruch eines Systems, der das gesamte Leben ändert, oder schlimme politische Entwicklungen, wie sie unsere Vorfahren erlebt haben.

Das Leben hat Millionen Möglichkeiten, uns herauszufordern, und bietet uns damit Millionen Möglichkeiten, zu wachsen und zu reifen. Dazu müssen wir aber verstehen, dass das Leben sich nicht nach unseren Vorstellungen richtet und dass es auch nicht gut wäre, wenn es anders wäre. In diesem Verstehen verlassen wir das Kind- und Jugendbewusstsein, dann werden oder sind wir bereits erwachsen. Das ist nämlich die anmaßende Idee des Jugendbewusstseins, des zeitgenössischen modernen Bewusstseins: dass das Leben gefälligst unseren Vorstellungen zu folgen habe.

Eine Schwangerschaft? – Geht gar nicht, völlig unpassend, passt nicht in meinen/unseren Lebensplan! – Als hätte das Leben eine Verpflichtung gegenüber unseren Plänen, als hätten wir ein Recht, uns darüber zu empören oder uns verletzt und enttäuscht zu fühlen, dass es anders kommt, als wir es uns vorgestellt haben. Und das auch noch, obwohl heute jedes Kind weiß, wie man schwanger wird und wie man es vermeiden kann.

Mein Mann/meine Frau hat eine(n) andere(n)? – Das verletzt mich zutiefst, das darf nicht sein, er/sie hat mich betrogen! – Wer oder was wird da wirklich verletzt? Die erwachsene Person, ihr Herz? Kann das überhaupt verletzt werden? Ist es wirklich eine Verletzung meines Herzens, wenn meine Frau einen anderen liebt? Keine Frage: Das tut sehr weh. Aber: Zerbricht wirklich sie mir das Herz oder tue ich das selbst? Etwa, indem ich auf Gedeih und Verderb an meinen inneren Bildern und Vorstellungen festhalte, wie es sein soll? Wie meine Frau sein soll, wie unsere Beziehung sein soll? Was wird da wirklich zerbrochen: das Herz oder das Bild, das wir uns vom anderen und vom Leben gemacht haben? Wer ist für dieses Bild verantwortlich: er/sie oder ich selbst? Wen lieben wir in diesen Momenten mehr: unseren Partner oder unsere inneren Bilder? An was halten wir wirklich fest: an unserer Liebe oder an unseren geliebten Vorstellungen? Ist es tatsächlich die erwachsene Person, die verletzt wird, oder nicht vielmehr das Kind in uns, das fürchtet, verlassen zu werden und sich verloren fühlt, als wenn die Mutter es verließe? Für oder gegen was kämpfen wir: für unsere Liebe oder nicht vielmehr gegen das Leben, wie es ist (aber nicht sein soll)?

Der Tod eines geliebten Menschen, vielleicht sogar eines Kindes? – Ungerecht, schrecklich! – Ja, das ist in der Tat schrecklich, aber in einem ganz anderen als dem üblichen Sinne. Es zeigt uns den Schrecken unserer Existenz, den Schrecken unserer absoluten Ohnmacht gegenüber dem Ganzen, gegenüber dem Schicksal, gegenüber Gott. Ein alter Spruch sagt: Der Mensch denkt, Gott lenkt. Im Englischen ist er noch schöner: *Man proposes, god disposes* (der Mensch nimmt sich etwas vor, Gott nimmt es wieder weg).

So ist es, aber das moderne Bewusstsein will davon nichts wissen, es träumt von „Selbstbestimmung", von einem selbstbestimmten Leben. Wie im Kleinen so auch im Großen: *Klimawandel: Katastrophe! – Wer oder was ist schuld? Schnee und Frost im Winter: Katastrophe! – Wer oder was hat versagt? Tsunami: Katastrophe! – Wer hat nicht aufgepasst? Warum wird die Kernschmelze nicht sofort unterbunden, wieso weiß keiner was Genaues?* – Dass das Eine oder Andere oder alles gar nicht zu verhindern ist, dass es vielleicht sogar wichtig für uns sein könnte, und zwar nicht nur in der Weise, dass wir uns ab jetzt besser schützen, unsere Panzer und unsere Mauern noch dicker machen, sondern in der, dass wir uns von den so genannten Katastrophen ihre Wahrheit erzählen lassen und dabei einige unangenehme und schmerzhafte Wahrheiten über uns selbst erfahren, kommt fast niemandem in den Sinn. Das aber hieße erwachsen sein, innerlich zu reifen und weiter zu wachsen: sich dem Leben auszusetzen und sich von ihm über seine Wirklichkeit belehren zu lassen.

5. Kapitel

DER LEBENSINTEGRATIONSPROZESS

Sich selbst sehen

Das vertrackte an den kindlichen Gefühlen und Verhaltensweisen ist, dass man sie zumeist nicht bemerkt. Sie erscheinen uns als ganz normal und natürlich. Erst hinterher, mit einem gewissen zeitlichen Abstand, realisieren wir manchmal, dass wir wieder einmal recht kindisch waren. Dann ärgern oder schämen wir uns, ohne zu merken, dass die Scham auch wieder ein Kindergefühl ist. Und beim Ärger über uns selbst sitzt ein innerer Richter in der Elternrolle und urteilt über das innere Kind, das sich beschämt in eine Ecke verkriecht - solange, bis unser innerer Elternanteil sich wieder anderen Dingen zuwendet. Dann kommt das Kind wieder aus der Ecke, und wenig später geht der Kreislauf von vorne los - ein Kampf mit sich selbst.

Wer das gut kennt und sich oft in solche inneren Kämpfe verstrickt, hat sich bereits ein Stück weit vom kindlichen Bewusstsein entfernt. Er befindet sich in einer inneren Auseinandersetzung damit, die für den Übergang zum Erwachsenenbewusstsein notwendig ist. Solange wir ganz im kindlichen Bewusstsein stecken, können wir es nämlich nicht wahrnehmen. Ein Kind nimmt seine

Gefühle nicht wahr, es *ist* einfach seine Gefühle. Wut, Angst, Freude, Lust treten ganz spontan auf und verschwinden genauso spontan wieder. Um sie wahrnehmen zu können, brauchen wir einen inneren Abstand von uns selbst, von unseren Gefühlen und Gedanken. Nur durch den Abstand können wir uns selbst bewusst werden. Diesen Abstand hat ein Kind anfangs nicht. Erst indem andere uns sagen und spüren lassen, wie sie uns erleben, fungieren sie wie eine Art Spiegel, in dem wir ganz allmählich beginnen, uns selbst zu sehen. Es ist aber kein richtiger Spiegel, denn was wir in diesem Spiegel sehen, sind nicht wirklich wir selbst, sondern es ist das Bild, das andere uns über uns selbst vermitteln. Der Spiegel ist ein Zerrspiegel, was wir sehen ist ein Fremdbild, das wir uns aber dennoch zu eigen machen, weil wir uns selbst nicht sehen können. Das Ich-Gefühl, unsere so genannte Identität, ist nichts anderes als die Summe der Bilder, die andere uns über uns selbst vermittelt und die wir uns zu eigen gemacht haben.

Von frühester Kindheit an lernen wir, uns durch die Augen unserer Umgebung zu sehen. Ist diese Umgebung (wie in traditionellen Kulturen) recht homogen, wird auch unser Selbstbild recht einfach und klar sein. Ist sie vielfältig (wie in der Moderne) oder bereits in der Kindheit gespalten (weil zum Beispiel die Eltern uns gegensätzlich sehen und uns das vermitteln), wird es weniger eindeutig, vielleicht sogar schon früh gespalten sein. Für das Kind ist dies zwar eine Belastung, aber für unsere Entwicklung muss es nicht schlecht sein, denn es zwingt uns zur Auseinandersetzung mit uns selbst.

Je mehr wir mit verschiedenen Menschen aus verschiedenen Gruppen und Kulturen in Kontakt kommen, umso vielfältiger werden die Bilder, mit denen andere uns sehen, und umso mehr Aspekte von uns selbst dringen auch in unser eigenes Bewusstsein. Damit dämmert uns auch nach und nach, dass wir *nicht* das sind, was andere von uns denken und über uns sagen. Unser Selbstbild gerät ins Wanken, wie es typisch ist für das Jugendbewusstsein. Um es aufrecht zu erhalten und sich ein Gefühl von Identität zu bewahren, identifizieren wir uns mit einem Teil von uns selbst. Was dieses Bild stört, verdrängen wir, meist ohne es zu merken. Das ist aber umso anstrengender, je differenzierter die Welt ist, in der wir leben. In einer einfachen Welt ist auch die Identität, das Selbstgefühl, einfach und relativ klar, in einer komplexen Welt braucht es Anstrengung, um sich ein einfaches und klares Selbstbild zu bewahren. Um uns wirklich zu sehen und nicht nur zwischen verschiedenen von außen kommenden Bildern wählen zu müssen, müssten wir mit eigenen Augen schauen anstatt mit denen der anderen. Dazu jedoch brauchen wir Abstand von uns selbst wie auch Abstand von den Bildern, die andere auf uns und in diesen äußeren Spiegel projizieren.

Wie kann das gehen? Wahrnehmung braucht immer Abstand, braucht immer zwei: einen, der wahrnimmt, und das, was wahrgenommen wird. Um mich selbst wahrzunehmen, müsste ich also zwei sein. Üblicherweise „lösen" wir dieses Problem, indem wir uns innerlich teilen: Wir identifizieren uns mit einem Teil von uns und betrachten von dort aus den Rest. Damit nehmen wir uns aber nur aus der Perspektive des inneren Anteils wahr, mit dem wir identifiziert sind, und genau diesen Anteil nehmen wir nicht wahr, denn da wir mit ihm identifiziert sind (bildlich gesprochen: in ihm drin stecken), können wir ihn nicht sehen. Ohne es zu merken, übernehmen wir so eines der Bilder, die andere sich einst von uns gemacht und uns übermittelt haben.

Aufstellungsarbeit

Damit man sich wirklich ganz sehen kann, müsste man also quasi aus sich selbst heraustreten können. Eine Möglichkeit, dies zu tun und einen unvoreingenommenen Blick auf sich selbst, vor allem auf seine Beziehungen und die eigene Rolle darin, zu bekommen, bietet das Familienstellen oder, allgemeiner gesprochen, die Aufstellungsarbeit. Das Besondere bei der Aufstellungsarbeit ist, dass man sich und andere Personen, mit denen man in Beziehung steht oder stand - in gewissen Grenzen und mit gewissen Unschärfen - von *außen* sehen kann. Dies funktioniert über die Methode der Stellvertretung - Mitglieder unserer Familie oder andere Menschen, mit denen wir in wichtigen Beziehungen stehen, werden im Rahmen einer Gruppenarbeit durch andere Kursteilnehmer repräsentiert und drücken deren Befindlichkeiten, ihre inneren Gefühle und die Dynamiken ihrer Beziehungen aus. Die eigene Person wird meistens ebenfalls durch einen Stellvertreter repräsentiert, so dass man auch sich selbst mit seinen oft verborgenen Gefühlen und in seiner Beziehung zu anderen sehen kann.

Was man beim Familienstellen allerdings nicht sieht, ist die Beziehung zu sich selbst, zum Beispiel zu seinem inneren Kind. Man (der Klient) sieht sich zwar, repräsentiert durch einen Stellvertreter, in einer Aufstellung, er kann seine eigenen Gefühle etc. in den Aussagen und Bewegungen seines Stellvertreters hören und sehen, aber es wird in der Regel nicht thematisiert, ob und wann der Stellvertreter das innere Kind des Klienten widerspiegelt oder den Erwachsenen. Die Kindheitsprobleme des Klienten werden eher nicht aus der Erwachsenenperspektive thematisiert, sondern so bearbeitet, als seien die Klienten noch immer Kinder – etwa dann, wenn der Aufsteller versucht, eine zerrüttete Familie zu harmonisieren, indem er die schlimmsten Konflikte auch der nicht anwesenden Familienmitglieder, auch jener aus früheren Generationen, die längst verstorben sind, zu lösen versucht. Oder dann, wenn auf ein „Schlussbild" hingearbeitet wird, in dem die gesamte Familie in einer idealen Ordnung aufgestellt ist, nachdem alle offenen Konflikte bearbeitet und gelöst wurden. Damit folgt man den kindlichen Bedürfnissen des Klienten, und zwar zumeist, ohne dies explizit zu thematisieren. Auch haben nur wenige Familiensteller ihren Fokus darauf, wie man sich aus seiner Familie lösen und seelisch erwachsen werden kann – es geht bei den meisten eher darum, für das Kind einen guten Platz in seiner Familie zu finden.

Wenn der Fokus des Therapeuten auf dem „schlimmen Ereignis" von damals ist, dann zeigt sich dies in einer Aufstellung auch aus der Damals-Perspektive des Klienten, das heißt, es entfaltet sich vor den Augen des

Klienten sein Kindheitsdrama. Ist der Fokus des Therapeuten aber auf dem erwachsenen Klienten hier und jetzt und auf der Frage, wie dieser sich *jetzt* zu dem Geschehen von damals zu stellen hat, entwickelt sich auch in einer Aufstellung ein ganz anderes Bild, bei dem das Kindliche in den Hintergrund tritt.

Da die Kursteilnehmer längst keine Kinder mehr sind, wäre dies die wichtigere und ihrem Erwachsensein angemessenere Perspektive. Die Frage lautet dann: Wie stelle ich mich *heute*, als Erwachsener, zu den Ereignissen meiner Kind-heit, zu meinen Eltern oder zu dem, was mein Großvater getan oder erlitten hat? Geht Letzteres mich überhaupt etwas an? Wie gehe ich *jetzt* um mit dem, was gewesen ist, was ist meine innere Haltung dazu und was sind die praktischen Konsequenzen daraus? Brauche ich eine andere Familie, eine andere Kindheit, bessere Eltern, oder brauche ich eher einen anderen Blick auf das, was war, ohne es selbst anzutasten?

Solche Fragen leiten mich beim Familienstellen und haben dort dazu geführt, dass die Arbeit sich sehr verändert hat. Darauf kann ich hier nicht näher eingehen, denn das wäre eine Diskussion über das Familienstellen, die sehr weit ausholen müsste, um allen Facetten gerecht zu werden.[20]

20. Das Gespräch, das ich im Sommer 2011 mit Jakob Schneider geführt habe und das unter dem Titel „Vom Blick in die Vergangenheit zum Gehen in die Zukunft" in der Zeitschrift für Systemaufstellungen, Heft 2, 2011, veröffentlicht ist, kreist unter anderem um diese Fragen und die praktischen Konsequenzen, die dies für die Aufstellungsarbeit hat.

Das sind alles Fragen, die die Vergangenheit und die Beziehung zur Familie zum Thema haben. Die Frage, wer man selbst ist und was man in dieser Welt soll, ist damit aber noch nicht einmal berührt, es sei denn, man definiert sich nur über seine Herkunft und seine Geschichte. Das Eigentliche, was ein Erwachsener braucht, ist aber nicht ein besserer Platz in der Vergangenheit, sondern eine klarere Orientierung im Hier und Heute. Da tauchen dann Fragen auf wie: Wo ist mein Platz in der Welt, im Ganzen (statt in der Herkunftsfamilie)? Wer bin ich jenseits meiner Zugehörigkeit zu meiner Familie? Was trägt mich, was will in mir zur Entfaltung kommen, ganz unabhängig davon, wessen Sohn oder Tochter ich bin?

Um diese und ähnliche Fragen geht es im Lebensintegrationsprozess – im Folgenden kurz LIP genannt. Es handelt sich dabei um ein Verfahren, das methodisch dem Familienstellen ähnelt, weil es wie dieses mit der Methode der Stellvertretung arbeitet. Anders als bei Familien- oder Systemaufstellungen geht es hier aber nicht um den Platz in einem System oder die Beziehung zu anderen Personen, sondern um die Beziehung zu sich selbst, um das eigene Leben und dessen inneren Sinnzusammenhang, vollkommen unabhängig von der Familie, aus der wir stammen.

Eine „kleine Übung"

Ich bin mehr oder weniger zufällig auf dieses Verfahren gestoßen. Als ich in einem Ausbildungskurs die verschiedenen Lebens- und Bewusstseinsstufen erläuterte, kam mir die Idee zu einer kleinen Übung, bei der meine Kursteilnehmer sich selbst in den verschiedenen Stufen ihres Lebens sehen und erfahren sollten. Dazu hatte ich die erwähnten Lebensstufen (Kapitel 2) mit Papierblättern, auf die ich die Nummer der jeweiligen Stufe geschrieben hatte, in einem Kreis ausgelegt. Dann sollte sich die Person, um deren Leben es ging, auf die Position des Erwachsenen stellen und für ihre vorangegangenen Lebensstufen aus dem Kreis der Kursteilnehmer Stellvertreter aussuchen - eine Person für sich selbst als Kind im Mutterleib, eine für sich als Kind, eine für sich als Jugendliche(n). Meine Idee war, dass jeder sich auf diese Weise die zentralen Abschnitte seines Lebens so anschauen kann, wie sie waren. Ich wollte keine Probleme bearbeiten, keine verborgenen Dynamiken aufdecken, keine alten Wunden heilen, nichts dergleichen. Nur anschauen, sehen und aufnehmen, was war, sich seinem Leben stellen, so wie es war bzw. so, wie es sich bei diesem Verfahren zeigen würde.

Das eigene Leben zu sich nehmen, wie es war, ist für mich die wirkliche Lösung, die tiefste Heilung. Denn nur so kommt die Vergangenheit zur Ruhe - wenn wir sie sehen, anerkennen und lassen, wie sie war. Dann darf sie nämlich, im doppelten Sinne des Wortes, wirklich gewesen sein - sie darf existiert haben, und sie darf vorbei sein. Jeder Kampf, jedes Hadern, ja sogar jeder Wunsch, dass es hätte anders gewesen sein sollen, hält das, was uns schmerzt, am Leben, hält die Wunde aktiv und lässt sie nicht heilen. Dem Erwachsenen, wenn er denn wirklich - also nicht nur körperlich und auch nicht nur mental, sondern auch emotional und seelisch – erwachsen ist, sollte dies möglich sein, zumindest dann, wenn nicht ein schweres Trauma ihn so blockiert, dass er nicht bei sich selbst sein kann. Die Übung würde also einerseits ein Test sein, wie klar ein äußerlich erwachsener Mensch auch innerlich erwachsen ist, ob er zum Beispiel mit der inneren Distanz, die zeitlich zwischen ihm in seinem Jetzt und ihm als Kind liegt, auf sein inneres Kind schauen kann (also ohne sich in dessen Schmerz oder anderen Problemen zu verlieren und damit identifiziert zu sein), und andererseits würde sie ihm vielleicht eine neue Sicht auf die vergangenen Abschnitte seines Lebens geben und eine Gelegenheit, diese zu sich selbst, in sein Herz zu nehmen. Denn was unser inneres Kind braucht, ist weder unser Mitleid oder Bedauern noch ein therapeutisches Herumarbeiten an seiner Geschichte, sondern unsere Anerkennung und unsere Liebe.

Damit die Teilnehmer die Übung besser verstehen, habe ich sie demonstriert. Ich habe mich also selbst an meinen erwachsenen Platz gestellt und Stellvertreter für mich in den drei genannten Lebensstufen ausgewählt und gebeten, sich auf die entsprechenden Plätze zu stellen und in sich hinein zu spüren, wie sich das anfühlt. Ich selbst habe zunächst auf die Vertreterin für mich als Kind im Mutterleib geschaut. Die Bewegungen, die sie machte – sie krümmte und streckte sich abwechselnd, als wenn sie sich an die Körperform gewöhnen müsste, kamen mir sofort bekannt vor. Auch schien sie Probleme mit der Wirbelsäule zu haben, was ich seit jeher kenne. Kurz: Ich erkannte mich darin wieder. Als ich sie dann fragte: „Wie geht es dir?" und sie antwortete, traf es mich wie ein Schlag. Was sie sagte, war nichts weniger als mein Lebensthema. Genauer gesagt: Es war etwas, was ich immer schon in mir spüre, was ich aber für die längste Zeit meines Lebens noch nicht einmal mir selbst, geschweige denn jemand anderem, zu sagen und einzugestehen getraut habe. Es war einfach zu groß. In den letzten zwanzig Jahren hat sich das zwar geändert und ich habe mich dieser Thematik gestellt (weil das Leben mir keine Wahl gelassen hat, wenn ich nicht untergehen wollte) und sie nach und nach deutlicher zum Ausdruck gebracht, aber es jetzt in dieser völligen Selbstverständlichkeit und Klarheit zu hören und zu sehen, wie es die Stellvertreterin meines ungeborenen Selbst zum Ausdruck brachte, war mehr als eine Überraschung, es war schlicht überwältigend.

Tatsächlich ist mir dadurch erst bewusst geworden, wie wichtig dieses Thema für mich war und ist. Und dass das alles schon vor meiner Geburt da war und klar war, schien schier unglaublich (so ging es übrigens auch der Stellvertreterin, die schon viele Rollen vertreten hatte in unserer Ausbildung, aber so etwas noch nie erlebt hatte). Mir war, als müsste ich lachen über meine lebenslangen Versuche, mich davor zu drücken und davonzustehlen, und zugleich vor Freude weinen. Vor allem aber wusste ich, dass alles, was ich da sah und hörte, stimmte, und es war eine tiefe Bestätigung meines Lebensweges und des heimlichen (!) Gefühls, das mich dabei immer begleitet hatte. Das ließ mich bei allem Staunen und aller Freude zugleich sehr ruhig werden.

Als ich mich dem Kind und später dem Jugendlichen zuwandte, setzte sich die Geschichte fort. Das Thema, *die Innere Vision meines Lebens,* blieb genau dieselbe, nur die Umstände waren anders. Ich konnte sehen, wie diese Vision und das innere Wissen darum in der Kindheit an Grenzen stieß, in meinem Fall vor allem in der Schule. Ich konnte aber – zum ersten Mal in dieser Deutlichkeit – auch spüren, dass ich diese Grenzen gebraucht habe, dass das, was sich in mir entwickeln wollte, an den Widerständen, die mir das Leben (zum Beispiel in Gestalt meiner Lehrer in der Schule) entgegengesetzt hat, geschliffen, gestutzt und gehärtet werden musste, um wirklich reifen zu können. Denn das, was der Fötus ausdrückte, war ja nur Potential; es war zwar alles da und alles klar, aber es musste noch seine Form finden – wie ein Rohdiamant, der in seinem Innern zwar vollkommen und gänzlich klar ist, der aber erst noch geschliffen werden muss, damit er wirklich im Licht erstrahlen und man das Funkeln sehen kann. Dass dies für den Jungen oft nicht lustig war, war auch klar, aber von meinem erwachsenen Platz aus konnte ich ihn mit all seinen Konflikten sehen, und ich spürte eine große Liebe zu ihm. Das war genau die Anerkennung, die er brauchte, und so konnten wir uns beide gegenseitig in Liebe lassen, wie wir sind.

Beim Jugendlichen verschärfte sich dann der Konflikt zwischen meinem intuitivem innerem Wissen und den äußeren Anforderungen noch einmal, und es wurde sehr deutlich, hinter welchem Image ich versucht hatte, meine Unsicherheiten zu verbergen. Die jugendliche Mischung aus Arroganz und innerer Verletzlichkeit, die verbunden war mit einer ganz ernsthaften Entschlossenheit, sich selbst (und damit auch die innere Vision) zu schützen, haben mich zu Tränen gerührt. Aber es waren keine traurigen Tränen, sondern Tränen der Liebe und Verbundenheit und der Anerkennung. Als der Stellvertreter sah, dass ich ihm seine Kämpfe und die schützenden Mauern, hinter denen er sich versteckte, gut lassen konnte, sie aber hinter mir gelassen habe und weitergegangen bin, atmete er auf und wurde vollkommen entspannt.

Das war also, in groben Zügen, die Demonstration meiner geplanten Übung. Als ich fertig war und aus dem Kreis heraustrat, brauchte ich erst einmal eine Pause, und mir war, ebenso wie den Kursteilnehmern, klar, dass sich hier etwas Größeres gezeigt hatte als eine Übung für angehende Familienaufsteller. An den folgenden Tagen habe ich diesen Prozess dann mit allen Teilnehmern gemacht und so die Grundzüge des Lebensintegrationsprozesses entwickelt. Seit ich damit arbeite, ist mir die Bedeutung des seelischen Erwachsenseins immer klarer geworden.

Vieles von dem, was in diesem Buch steht, habe ich erst über die LIP-Arbeit in dieser Deutlichkeit erkannt. Vor allem aber habe ich in vielen Prozessen etwas gesehen, was ich zuvor nur vage vermutet hatte: Wir kommen mit *einer inneren Vision, einer ganz eigenen Mitgift* auf die Welt, einem ganz bestimmten und ganz eigenen Potential, das sich durch uns im Laufe unseres Lebens entfalten möchte und das nichts mit unseren Eltern und unserer Familie zu tun hat. Dieses Potential oder die *Innere Vision* zeigt sich in den LIP-Aufstellungen mehr oder weniger deutlich, und zwar auf der ersten Lebensstufe, beim Fötus. Ich nenne es *innere* Vision, weil es tatsächlich ganz von innen kommt, wie eine Mitgift des Lebens, um die wir in unserem Innersten wissen, die aber dann durch viele Ereignisse so *zugedeckt* wurde, dass wir sie auch für uns selbst erst wieder *ent-decken* müssen.

Die Innere Vision unseres Lebens

Als ich die Übung demonstrierte, hatte ich mit so etwas nicht gerechnet. Ich wusste aus vielen Aufstellungen, dass die Zeit im Mutterleib sehr wichtig ist, vor allem weil Gefährdungen der Mutter oder des Kindes in dieser Zeit sich (wie in Kapitel 2 beschrieben) tief in unserer Seele einprägen. Daher vermutete ich, dass sich beim Stellvertreter für das ungeborene Kind solche Gefährdungen zeigen würden und man darüberhinaus vielleicht sehen könnte, wie geborgen sich das Kind in der Mutter gefühlt hat. Das zeigt sich auch tatsächlich in manchen LIP-Aufstellungen. So krümmte sich zum Beispiel bei einem LIP-Kurs in Oslo die Stellvertreterin für das Kind im Mutterleib ganz eng zusammen, wobei sich ihre Gliedmaßen wie in einem spastischen Anfall verdrehten. Sie sagte aber, sie habe keine Schmerzen, sie fühle überhaupt nichts, sie müsse sich nur ganz klein machen; da sei etwas Schreckliches, aber sie habe noch nicht einmal Angst, sie spüre zwar diese schreckliche Bedrohung, sei aber ohne Gefühl. Was sie beschrieb, war ein vollkommener Schockzustand, weshalb ich die Klientin fragte, ob sie wisse, ob Ihre Mutter (und damit auch das Kind) in Lebensgefahr gewesen sei während der Schwangerschaft mit ihr. Die Antwort: „Sie wurde wenige Wochen vor meiner Geburt vergewaltigt“!

Hier haben wir also ein schweres vorgeburtliches Trauma. In diesem und ähnlichen Fällen bietet der LIP die Chance, solche frühen Traumata oder andere schwere Belastungen aus dieser ersten Lebensphase, die unserem Bewusstsein und unserer Erinnerung gänzlich entzogen sind, zu erkennen und zu bearbeiten. Im vorliegenden Fall wusste die Klientin zwar von der Vergewaltigung der Mutter, weil diese es ihr erzählt hatte, aber das dürfte eher die Ausnahme sein. Und dieses Wissen war auch nur ein äußerliches - was das für sie selbst bedeutete und wie sich das ungeborene Kind dabei gefühlt hatte, war ihr nicht zugänglich. Erst im LIP konnte sie dies sehen und dann auch fühlen, sich dem geschockten kleinen Wesen mit Liebe zuwenden und es in den Arm nehmen, so dass sich die Schockstarre, die auch noch in der erwachsenen Frau war, langsam zu lösen beginnen konnte.

Fälle wie diesen hatte ich also durchaus erwartet. Gänzlich unerwartet traf mich allerdings, dass sich bei vielen Aufstellungen etwas zeigte, was nichts mit irgendwelchen äußeren Ereignissen zu tun hatte. Das kann manchmal sehr groß und überwältigend sein, manchmal aber auch fast unscheinbar klein oder zart, was seiner Größe aber keinen Abbruch tut. Bei einem Klienten, der aufgrund eines Motoradunfalls seit seinem 16. Lebensjahr querschnittgelähmt ist und im Rollstuhl sitzt, stand der Vertreter des ungeborenen Kindes wie eine fast göttliche Gestalt an seinem Platz. Er strahlte eine vollkommene Ruhe und Gelassenheit aus und eine Größe, die der Klient kaum fassen konnte. Er schüttelte immer wieder mit dem Kopf, während zugleich Tränen die Wangen hinunterliefen. Ich musste ihn immer wieder erinnern, nicht die Luft anzuhalten und das, was er dort sah, in sich hinein zu atmen, zu erkennen und in sich aufzunehmen, dass diese schon fast übermenschlich große Gestalt er selbst in seinem inneren Potential ist. Er war regelrecht erschüttert. Sich dieser Größe zu stellen und sie als die eigene Größe zu nehmen, war (und ist für jeden) eine ungeheure Herausforderung – da ist es viel, viel leichter, sich an den unerfüllten Wünschen seiner Kindheit abzuarbeiten. Zugleich aber ahnte er, dass es genau diese Kraft war, die es ihm ermöglicht hatte, sein schweres Schicksal anzunehmen und auch als schwer Behinderter ein ganzer, auch für Frauen sehr attraktiver Mann zu werden, der ganz selbstverständlich mit seiner Behinderung lebt, beruflich erfolgreich ist, mit Rollstuhl Golf spielt und sich selbst nicht wegen seines Schicksals bedauert. Einen Tag nach seiner Aufstellung habe ich es gewagt, einen Eindruck zu äußern, der sich mir während des Prozesses aufgedrängt hatte: „Du hast deinen Unfall gebraucht, sonst wäre diese Kraft mit Dir durchgegangen. Du musstest erst ganz klein werden, um dafür reif zu werden.“ Seine Antwort: „Das stimmt.“

In den meisten Fällen zeigt sich unser Potential auf unscheinbarere Weise, was es aber nicht weniger eindrücklich macht. So hatte mir ein Mann erzählt, dass er vor wenigen Wochen von heute auf morgen seine Arbeit gekündigt und (mit 59) in den Ruhestand gegangen war. Es hatte sich ganz richtig angefühlt, aber dann war er, so seine Worte, vollkommen abgestürzt, als ob er keinen Boden mehr unter den Füßen hätte. Er hatte sich damit beholfen, dass er viel im Garten arbeitete, und war dabei allmählich wieder entspannter geworden. Beim LIP sah er dann, wie sich die Vertreterin für sein ungeborenes Kind (er hatte eine Frau gewählt) auf den Boden kniete und mit einem innigen Gesichtsausdruck immer wieder mit einer Hand die Erde berührte und betastete. Auf Nachfrage sagte sie, sie befinde sich ganz für sich allein in einem kleinen Raum, wo es ihr mit sich selbst und mit der Erde sehr gut gehe. Es war ein zartes und anrührendes Bild stiller Selbstgenügsamkeit. Es war keine Isolation, kein Rückzug aus der Welt, sondern seine ganz eigene Art, mit ihr und damit auch mit sich in Kontakt zu sein. Wenn ich den Mann betrachtete, konnte ich diese verborgene Energie sehen. Wichtiger war jedoch, dass er sich in dem Kind und dem, wie es sich verhielt und äußerte, selbst sehen und spüren konnte. Er war ganz bewegt. Der eigene innere Raum und der Kontakt zur Erde waren seine Ressourcen, das, wo er sich zu Hause und bei sich selbst fühlte. Im äußeren Leben war er damit aber auf wenig Verständnis gestoßen. Folgerichtig hatte er versucht, sich (selbstverständlich widerstrebend) den Forderungen seiner Eltern und seiner Umwelt anzupassen und sein inneres Wesen zu verstecken und dadurch zu bewahren. Herausgekommen war ein äußerlich aktiver und recht erfolgreicher Mann, der innerlich sehr verunsichert und verängstigt war und – gut versteckt – eine gehörige Portion Wut auf die Welt im Allgemeinen und seine Eltern im Besonderen mit sich schleppte. Umso überraschter war er, als ich ihm später seine Eltern gegenüberstellte und er plötzlich seine Liebe zu ihnen spürte. Er hatte schon oft an Familienaufstellungen teilgenommen, aber die Wut war immer geblieben.

Nachdem er sein inneres Wesen gesehen und zu sich genommen hatte, war sie plötzlich verschwunden, und er schaute tief bewegt auf seine Eltern. Ich hatte aber nichts an seiner Elternbeziehung gemacht, ich hatte sie nur kurz hingestellt, weil er sagte, dass er innerlich sehr wütend über sie sei, und dann hatte die Liebe ihn übermannt.

Wir sind nicht die Kinder unserer Eltern

Bei den LIP-Aufstellungen tritt auf der Stufe 1 etwas zutage, was der Dichter Khalil Gibran in seinem berühmten kleinen Buch „Der Prophet“ so ausgedrückt hat:

> Eure Kinder sind nicht eure Kinder.
> Sie sind die Söhne und Töchter der Sehnsucht des Lebens nach sich selber.
> Sie kommen durch euch, aber nicht von euch
> (...)
> ... ihre Seelen wohnen im Haus von morgen, das ihr nicht besuchen könnt ...

Dieses „Haus von morgen“ zeigt sich beim LIP – mal ganz deutlich, mal (zunächst) verborgen oder überdeckt durch schwierige Erfahrungen vor der Geburt. In diesen Fällen kommt es aber nach meinen bisherigen Beobachtungen bei einer weiteren LIP-Aufstellung (mit einigem zeitlichem Abstand) ans Licht, wenn das Belastende aus der Schwangerschaft gesehen und innerlich verarbeitet ist. Der Fötus kennt dieses „Haus", er ist in Kontakt mit seinem ursprünglichen Potential. Wenn es schon vor der Geburt beeinträchtigt wurde, hat er oft keine Lust oder große Angst, diese Welt zu betreten. Diese Lebensangst oder Lebensunlust bleibt ihm dann so lange erhalten, bis er wieder sein ursprüngliches Potential sehen und sich bewusst damit verbinden kann. Dabei hilft es ihm, wenn er sieht, dass das Leben ihn aufgenommen hat und dass trotz seiner frühen Probleme etwas aus ihm geworden ist. Oft lasse ich den erwachsenen Klienten den Satz sagen: „Ich bin die Frau/der Mann, die/der aus dir geworden ist." Dann schaut das Kind, dass sich bis dahin nur im Mutterleib verkriechen wollte, hoch, entspannt sich und beginnt, das Wesen zu spüren und auszudrücken, das hinter der belastenden Erfahrung steckt. Was sich dann zeigt, ist immer etwas, was wir innerlich kennen, oft aber auf unserem Lebensweg vergessen oder fast vergessen haben oder uns kaum einzugestehen trauen.

Zum Beispiel sagt die Vertreterin einer Frau, die sich mit großer Anstrengung durchs Leben kämpft: „Ich sehe alles. Das ist ein ganz seltsames Gefühl, als ob ich an allen Seiten meines Kopfes Augen hätte, als ob ich auch seitlich und rückwärts sehen könnte." Daraufhin habe ich die Klientin gefragt: „Bist du vielleicht eine Seherin?" Sie ist total erschrocken, fing dann an zu weinen und sagte: „Ja, ich weiß das, aber das kann doch nicht sein!“ Sie hatte Angst davor, Angst, ausgelacht zu werden (was sie schon erfahren hatte), aber auch Angst vor der Verantwortung, die auf sie zukommen würde, wenn sie sich dieser Kraft ganz stellen würde.

Die Innere Vision unseres Lebens ist nämlich nichts Leichtes, zumindest scheint es uns anfangs so, auf jeden Fall ist es eine große Herausforderung. Und zwar im wahrsten Sinne des Wortes: Es ist das, was das Leben von uns fordert. Es fordert uns auf, das, was in uns steckt, herauszubringen. Wir wissen aber nicht, ob die Welt das auch will, was wir mitbringen und zu entfalten haben, und haben oft Angst, dass sie es nicht will und wir vielleicht sogar dafür bestraft werden. Ich selbst hätte mich zum Beispiel nie getraut, das, was ich im LIP gesehen habe und ganz insgeheim mein Leben lang spürte, laut zu sagen oder zu zeigen. Als kleiner Junge im Vorschulalter habe ich es einfach in die Welt posaunt, aber spätestens ab der Schule habe ich es für mich behalten, und dann schien es zeitweise so weit weg, dass ich es kaum mehr wahrgenommen habe.

Einige Wochen nach meiner „Übung“ und der Begegnung mit meiner inneren Vision war ich am Ende eines Seminartages sehr erschöpft und bin früh ins Bett gegangen. Trotz meiner Müdigkeit konnte ich aber nicht schlafen, mein Herz schlug ganz schnell, und innerlich fühlte ich mich sehr schwach, zerbrechlich und zittrig. Da wurde mir plötzlich klar, dass es das ungeborene Kind in mir war, das zittert - aus Angst vor dem, wie die Welt ihm wohl begegnen würde. Mit dem Gedanken „Du darfst ruhig zittern und Angst haben“ zu dem Kind hin entspannte sich mein erwachsener Körper augenblicklich, das Zittern hörte auf und ich schlief ein.

Für unsere Eltern sind wir oft wie Fremde. Jeder bringt etwas mit, was seine Eltern nicht verstehen. Wir sind zwar zusammengesetzt aus ihren Genen, aber das Leben kommt letztendlich nicht von ihnen. Es kommt *durch* sie – und deshalb kommen wir nicht um sie herum –, aber nicht *von* ihnen. Sie sind das Tor, aber sie sind nicht die Quelle. Bisher ist es noch niemandem gelungen, einen Menschen gezielt zu zeugen. Ich bin zwar nicht Einstein und weiß im Unterschied zu ihm nicht, ob Gott würfelt oder nicht, aber wenn man die Millionen Spermien sieht, die gebraucht werden, damit ein Kind entsteht, könnte man auf das Bild einer riesigen Lotterie kommen. Eines ist klar: Es sind nicht die Eltern, die die Auswahl treffen, welches Spermium sich mit welchem Ei verbindet und was dabei entsteht – oder ob überhaupt etwas entsteht. Sie können tun, was dazu notwendig ist, aber es ist nie hinreichend. Damit es hinreichend ist, muss eine andere Kraft hinzukommen, die nicht in unserer Hand liegt und unserem Wollen gänzlich entzogen ist.

Anders gesagt: Unser Leben kommt, wie alles Leben, aus dem Unbekannten. Die Eltern sind nur der Durchgang. Schöner noch und vielleicht auch treffender ist Khalil Gibrans Bild, dass wir „die Sehnsucht des Lebens nach sich selbst“ sind. Es lenkt den Blick von der Herkunft auf die Zukunft, genauer: auf das, was das Leben mit uns vorhat und darauf, dass es sich in uns und durch unser *Leben* (hier nicht als Substantiv, sondern als Verb verstanden)[21] selbst verwirklichen will.

Die Überschrift „Wir sind nicht die Kinder unserer Eltern" betont diesen Sachverhalt. Das heißt aber nicht, dass wir nicht *auch* das Kind unserer Eltern sind. Genetisch sind wir es zu 100 Prozent, und familiengeschichtlich ebenfalls. Beides hat uns geprägt, beides macht uns aus und wird uns immer ausmachen.

Aber Herkunft und Gene sind nicht alles. Wir sind nicht unsere Gene, wir sind *Bewusstsein*. Wären wir nur unsere Gene, würden wir uns von einem Salat nur durch andere Gene unterscheiden, ähnlich wie eine Kartoffel. Der Mensch ist aber ein Wesen, das sich seiner selbst und seiner Umwelt bewusst ist. Und wir *haben* nicht nur ein Bewusstsein, wir *sind* Bewusstsein, Bewusstsein in menschlicher Form. Wir sind Bewusstsein, das sich innerhalb der genetischen Struktur, die wir von unseren Eltern bekommen haben, inkarniert hat und entfaltet, das in dieser Struktur seine spezifische Form und seinen spezifischen Ausdruck findet.

Das wertet die Bedeutung der Eltern nicht ab, im Gegenteil: Sie stehen vor der schwierigen Aufgabe, ein Kind in die Welt zu begleiten, das ihnen einerseits ganz nah und andererseits zugleich manchmal ganz fremd ist, weil seine Seele auch auf etwas ganz und gar Eigenes zu hören hat, das die Eltern nicht kennen. Und da das Kind

21. Im Folgenden immer kursiv gedruckt, wenn ich Leben als Verb meine

die Welt zunächst ausschließlich und dann noch eine lange Zeit hauptsächlich über seine Eltern wahrnimmt und erfährt und diese sein Leben quasi in der Hand haben, kann deren Einfluss auf das Leben des Kindes kaum überschätzt werden. Im Konflikt zwischen dem, was ein Kind vage als sein Eigenes spürt, und dem, was seine Eltern ihm - allein schon durch die Art ihres Daseins, dann erst durch ihr Verhalten und ihre Erziehung - mitgeben und aufgeben, wird sich das Kind vor allem nach den Eltern richten. Das zeigt sich auch im LIP auf der zweiten Lebensstufe, der Kindheit.

Das Kind in der Familie

Wenn man sich im LIP von der Stufe 1 zur Stufe 2, zu seiner Kindheit, bewegt, tritt die innere Vision oft in den Hintergrund oder scheint sogar ganz zu verschwinden. Die Welt - in der Kindheit heißt dies vor allem: die Eltern und später die Schule - scheint damit oft nichts anfangen zu können. Um sie zu bewahren, müssen wir sie verstekken oder auf andere Weise schützen, und so kann es sein, dass wir mehr oder weniger den Kontakt dazu verlieren. Der Junge, der mit sich allein und der Erde glücklich ist, macht den Eltern vielleicht Sorgen. Er könnte Schwierigkeiten bekommen in dieser Welt, wenn sie ihn seinem Hang überlassen, sich mit sich selbst zu beschäftigen. Aus dieser Sorge um seine Zukunft heraus, vielleicht aber auch, weil sie von sich aus mit einem introvertierten Kind nicht gut klarkommen, üben sie vielleicht starken Druck auf ihn aus, aktiv zu sein. Der kleine Junge hat von solchen Dingen jedoch keine Ahnung, er spürt nur, dass an ihm etwas falsch zu sein scheint. Widerwillig passt er sich an, und am Ende überlagert der hilflose Zorn auf seine Eltern sein ursprüngliches Lebensgefühl. Das Mädchen, das, wie sich in einer anderen Aufstellung zeigte, eine so große Sinnlichkeit und eine solche Lust und Freude an seinem Körper hat, dass die Stellvertreterin in der Aufstellung kaum aufhören kann, sich am ganzen Körper zu streicheln, wird von den Eltern zurückgewiesen und lernt, dass sich das nicht gehört.

Es braucht keine „bösen" oder „schlechten" Eltern oder Lehrer, um unsere ursprünglichen Lebensimpulse zu bremsen. Tatsächlich brauchen wir offenbar den Widerstand der realen Lebensverhältnisse, damit sich unser Potential daran reiben, damit auseinandersetzen und so am Ende daran wachsen kann. Wäre es anders, würden wir vielleicht immer Säuglinge bleiben mit lebenslanger Komplettversorgung.

Aber das sind eher Vermutungen, die sich mir manchmal aufdrängen. Ganz klar ist jedoch, mit welcher inneren Haltung wir als Erwachsene dazu beitragen können, damit sich das innere Kind von uns gesehen und angenommen fühlt. Erstens möchte es wirklich *gesehen* werden, und zwar ohne Wertung. Es möchte gesehen werden, wie es ist, mit allem, was es erlebt hat. Was es auf keinen Fall braucht, ist Bedauern und Mitleid. Es hat ja genug gelitten, was hilft es ihm, wenn der Erwachsene noch immer mit ihm leidet? Oder wenn er meint, noch nach vierzig Jahren für es kämpfen zu müssen?

Im LIP wird vollkommen klar: Das Kind will das nicht! Es will gesehen werden, das ist alles. Nehmen wir an, jemand wurde als Kind sexuell belästigt oder missbraucht und kämpft auch mit fünfzig noch dagegen. Wen sieht er, auf wen schaut er? Auf das Kind? Nein, er schaut auf den Täter oder auf die, die ihm nicht geholfen oder es nicht verstanden haben. Kann er oder sie mit seinem/ihrem Kampf noch etwas für das Kind tun? Nein, denn das Kind hat bereits alles getan, was zu tun war, und ertragen, was zu tragen oder zu erleiden war. Dem ist nichts mehr hinzuzufügen, daran ist nichts mehr zu ändern. Wenn der Erwachsene immer noch kämpft, macht er das Kind klein und bleibt selber klein. Er benutzt das Leiden des Kindes, um nicht lieben zu müssen oder als Vorwand dafür, dass sein Leben nicht so ist, wie er es gerne hätte. Alles, was das Kind braucht, ist gesehen und geliebt zu werden. Wenn der erwachsene Mann oder die erwachsene Frau zu diesem inneren Kind sagt: „Ich *sehe* dich, für mich bist du richtig, und ich lasse dir deine Erfahrung genau so, wie sie war", fühlt sich das Kind erkannt und gewürdigt. Dann entspannt es sich, und der Schmerz fällt von ihm ab - und ebenso vom Erwachsenen.

Zweitens möchte das Kind sehen, dass der Erwachsene weitergegangen ist und seine Erfahrungen, insbesondere die schweren und schmerzhaften, hinter sich gelassen hat. Wenn im LIP der Erwachsene zu seinem inneren Kind sagt: „Ich kann nicht lieben, weil du keine Liebe bekommen hast", ist das für das Kind furchtbar. Es ist so, als ob es dafür verantwortlich wäre, dass er nicht lieben kann. Selbst wenn der Erwachsene dafür die Eltern verantwortlich macht, hilft das dem Kind nicht. Das einzige, was ihm wirklich hilft, ist zu sehen, dass er das Schlimme hinter sich gelassen hat, dass er sich trotzdem zu lieben traut. Wenn er also ehrlich sagen könnte (als Formel nützt dies gar nichts, jedes Wort muss absolut stimmen): „Zu lieben fällt mir immer noch schwer, aber ich bin jetzt ganz dazu bereit", dann wäre das Schlimme für das Kind vorbei. Dann wäre es auch stolz auf diesen Mann oder diese Frau, die aus ihm gewachsen ist, und dann bräuchte es sich nicht mehr in deren Leben einzumischen.

Der Jugendliche und der junge Mensch

Sehr interessant ist auch die Begegnung mit dem Jugendlichen. Meistens grenzt er sich vom Kind sehr scharf ab, und oft knüpft er dabei an der Energie des Ungeborenen an. Ersteres ist verständlich, denn als junge Männer oder Frauen müssen wir (uns selbst und anderen) zeigen, dass wir keine Kinder mehr sind. Während sich das Kind anpasst, besteht der Jugendliche auf seinem Eigenen und seiner Einzigartigkeit, und dabei erinnert er sich oft an sein ursprüngliches Potential.

Diese Erinnerung ist nicht wirklich bewusst, sondern eher eine Art Gefühl – zum Beispiel das Gefühl, dass man etwas Besonderes ist. Üblicherweise muss man dieses Gefühl aber zugleich zeigen als auch verstecken, so dass es sich in einem entweder offensiven oder heimlichen „Ich bin besser als ihr" ausdrückt. In fast allen Fällen kann man sehen, dass und wie der jungen Mann oder die junge Frau versucht, einen Weg zu finden, der es ermöglicht, die innere Vision zu bewahren und sich zugleich den Anforderungen der Gesellschaft, die dem oft entgegenzustehen scheinen, gerecht zu werden. Dabei kann man es nicht wirklich beiden Seiten Recht machen. So individuell die moderne Gesellschaft sich auch gibt – für unsere wahre Einzigartigkeit hat sie kaum Platz. Um sie wirklich leben zu können, muss man bereit sein, notfalls ganz allein zu sein. Das kann aber der Jugendliche noch nicht. Er spürt zwar in sich den Ruf des Lebens, sein Eigenes zu entfalten, viel deutlicher als das Kind, muss aber zugleich einen Platz in der Gesellschaft finden und sich daher an diese anpassen. Mir scheint sogar, dass der Konformitätsdruck für junge Menschen umso höher wird, je mehr die alten, natürlichen Zugehörigkeiten an Bedeutung verlieren. Das heißt konkret: Entweder man passt sich einem Trend, einer Gruppe an, oder man zieht sich ganz in sich selbst zurück. Den Schmerz, der dahinter steckt, darf niemand sehen, und man gesteht ihn auch sich selbst lieber nicht ein, weil sonst das Mitmachen gefährdet wäre.

Spannend war für mich zum Beispiel die Arbeit mit einem Mann aus Dresden, der den Zusammenbruch der DDR mit 13 Jahren erlebt hat. Er war Teil des Systems und hat im Großen und Ganzen daran geglaubt – wie sollte es bei einem Kind auch anders sein. Die Wende hat er aber dennoch als große Freiheit erlebt. „Die Erwachsenen waren alle verunsichert, es gab im Grunde keine Autoritäten mehr, und niemand traute sich, uns zu sagen, wo es langgeht. Also habe ich die Freiheit auf jede mir mögliche Weise genossen." Das war seine aktive Jugenderinnerung. Im LIP jedoch sah man einen stillen jungen Mann, der sich mehr nach Innen als nach Außen zu orientieren schien. Im Außen interessierte ihn nur die Natur. Anfangs konnte der erwachsene Klient damit nichts anfangen, aber allmählich dämmerte es ihm, dass er auch etwas verloren hatte. Das war nichts Nostalgisches, keine DDR-Verklärung, sondern die reale Erfahrung, dass die Welt mit einem Mal ganz anders ist als vorher und das Gewohnte und Bekannte plötzlich vollkommen verschwunden ist. Das wirklich zu verarbeiten hätte ein Innehalten erfordert, einen bewussten Abschied, zu dem er als Jugendlicher aber nicht in der Lage war. Die neue Freiheit war (genau zu der Zeit, als sich in seinem Innern ebenfalls etwas Neues regte, nämlich der Mann und seine Sexualität) über seine Seele hinweggerauscht, er war dem Rausch gefolgt, aber seine Seele hing noch an der Beschaulichkeit, Übersichtlichkeit und Ruhe des alten Lebens. Dies zu sehen, weckte einen Ernst in ihm, der ihm Kraft und Substanz zu geben schien. Jetzt kann er diesen Abschied nachholen.

Manchmal, wenn jemand sich als junger Mensch sehr überfordert hat, vielleicht Drogen genommen hat oder mit dem Gesetz in Konflikt geraten ist, (zu) viele sexuelle Erfahrungen gesammelt hat (in den Augen des / der späteren Erwachsenen) oder andere Dinge gemacht oder erfahren hat, die einem später nicht mehr gefallen, fällt es den Erwachsenen schwer, dazu ja zu sagen. Aber wie beim Kind ist es genau das, was der junge Mensch braucht: dass er gesehen und geliebt wird, wie er ist, auch und gerade mit dem, was scheinbar „falsch" war. Vor allem braucht er es, dass sein Nein gewürdigt wird, egal, wie es im Einzelfall ausgesehen haben mag. Was er – wie auch das Kind und der Fötus – aber nicht braucht, ist Bewunderung und Überhöhung. Manche Erwachsene sind verliebt in ihr inneres Kind oder bewundern den Jugendlichen. Das ist für diese abstoßend. Erwachsene sollen erwachsen sein, das ist alles, was unsere inneren Kinder, egal auf welche Stufe, von uns erwarten.

Das eigene Sein berühren

Wir können uns jetzt noch einmal der Frage zuwenden, was Erwachsensein seelisch bedeutet. Es bedeutet, die Bilder die andere, die Familie, die Freunde, die Gesellschaft auf jemanden projiziert haben, zurückzulassen und seiner eigenen, inneren Vision zu folgen.

Wenn wir dies tun, bewegen wir uns bereits auf der Bewusstseinsstufe 5, dem Geist-Bewusstsein. Zunächst geht es aber darum, diese Vision überhaupt erst wahrzunehmen und ins wache Bewusstsein dringen zu lassen. Darin bestehen die Bedeutung und der therapeutische Effekt des Lebensintegrationsprozesses.

Diese Vision hat nichts mit dem zu tun, was wir wollen, sondern einzig mit dem, was wir sind. Dieses Sein ist aber ein Sein im Rohzustand, unentfaltet, ungeformt, noch nicht in die Welt entlassen - wie ein Ei, das das Küken und das Huhn vollständig enthält, zugleich aber auch verbirgt. Wir werden es (das, was wir in nuce längst schon sind), indem wir leben. Das Leben selbst drängt uns zu seiner Entfaltung, aber dazu müssen wir uns ihm so nackt wie möglich aussetzen. Es ist *kein Projekt, dass wir verwirklichen*, sondern das genaue Gegenteil: Wir *werden* verwirklicht, und zwar dann und in dem Maße, in dem wir uns dem Leben zur Verfügung stellen, damit *es* sich in uns verwirklichen kann.

Es geht bei unserem Leben nie um uns als Individuen, um unsere „Selbstverwirklichung" im Sinne eines Ich-Projektes – das ist der große Irrtum des Ich-Bewusstseins, auch der große Irrtum der Moderne und vieler, die sich als „spirituelle Sucher" verstehen. Es geht um das Leben selbst, um dessen „Sehnsucht nach sich selber", die sich in jedem einzelnen auf verschiedene Weise verwirklichen möchte. Wir sind nur die Instrumente, auf denen das Leben seine Musik erklingen lässt.

Der Lebensintegrationsprozess als Methode, wie ich sie hier beschrieben habe, ist eine Hilfe, um uns an unsere innere Vision zu erinnern. Er ist geeignet, etwas, an das wir uns vielleicht vage erinnern, das wir ahnen oder auch heimlich zu wissen glauben, ohne uns dessen sicher zu sein, zu sehen und damit bewusster zu machen. Um es sich wirklich anzueignen und es ganz zur Entfaltung, zum Erblühen zu bringen, müssen wir es jedoch leben. Damit sind wir allein. Das Ungewöhnliche an dieser Methode ist, dass sie sich nicht an äußeren Ereignissen orientiert. Die Aufmerksamkeit und der gesamte Fokus liegen nicht auf der Geschichte des Klienten, auch nicht auf der Geschichte seiner Familie, sondern einzig und allein auf dem, was sich in ihm entfalten will, also auf dem, was ich *Innere Vision* nenne. Die äußere Geschichte taucht zwar mit auf, aber nur als Randbedingung, als etwas, das die Art und Weise mitbestimmt, in der sich unsere Innere Vision im Laufe unseres Lebens manifestiert. Die Innere Vision ist nicht wirklich „unsere“, sie gehört uns nicht. Sie gehört dem Leben selbst. Uns ist sie nur mitgegeben, aufgegeben, anvertraut. Ihr zu folgen ist ein Dienst am Leben.

In der praktischen Arbeit mit dem LIP lasse ich die Geschichte des Klienten und seiner Familie vollkommen unberührt. Zum Beispiel tauchte in einem der ersten Prozesse, die ich geleitet habe, ein im Mutterleib verstorbener Zwilling auf. Die Stellvertreterin auf der Position 1 lag, ohne dass sie etwas über die Klientin und deren Geschichte wusste, in Embryohaltung auf dem Boden und tastete mit einer suchenden Bewegung immer wieder den Raum um sich herum ab und streckte die Hand nach allen Richtungen aus. „Mir fehlt etwas“, sagte sie auf Nachfrage, worauf die Klientin sagte: „Sie sucht den gestorbenen Zwilling.“ In einer Familienaufstellung würde man dann eine Vertreterin für den Zwilling dazulegen, damit die innere Lücke gefüllt wird und man sich am Ende davon verabschieden kann. Das hatte ich übrigens mit dieser Klientin schon gemacht, und sie hatte auch schon bei anderen Therapeuten und mit anderen Methoden an der Zwillingsthematik gearbeitet. Es tauchte praktisch bei jeder tiefen Arbeit, die den pränatalen Raum berührte, immer wieder auf.

Zum wirklichen Abschied und damit zum vollen Nehmen ihres Lebens, so wie es ist (also ohne Zwilling), war es nie gekommen. Sie suchte ihre Zwillingsschwester, wie der LIP zeigte, immer noch, und es wäre sowohl der Klientin selbst als auch der Stellvertreterin ihres Ungeborenen am liebsten gewesen, ich hätte sie wieder dazugelegt. Ich habe aber gesagt: „Sie ist weg, es gibt keinen Zwilling mehr. Du bist allein." Für den Fötus war es wichtig, das zu hören. Jetzt erst fing er an, sich selbst zu spüren. Als die Stellvertreterin dann nach einer Weile den Kopf hob und sich selbst als erwachsene Frau erblickte, konnte sie sehen, dass es gut war, wie es war.

Die Klientin schrieb mir danach, dass sich ihr Lebensgefühl sehr verwandelt habe, und als sie nach einem halben Jahr noch einmal eine LIP-Aufstellung machte, tauchte das Zwillingsthema zum ersten Mal, seit sie ihm in der Therapie begegnet war, nicht mehr auf. Stattdessen zeigte sich jetzt, nachdem der Tod des Zwillings sie innerlich nicht mehr besetzte, ihre innere Vision in ganz klarer Weise.

Hier ist zwar nicht der Ort für eine kritische Diskussion des Familienstellens, eine kleine Anmerkung scheint mir aber angebracht. Das Drama, das sich in Familienaufstellungen oft darstellt, hat ein eigenes Gewicht, das es dem Klienten sehr schwer macht, etwas hinter sich zu lassen oder gar zu vergessen, was vorüber ist. Der Abschied von einem im Mutterleib verstorbenen Zwilling (Austermann & Austermann haben ja ihr Buch mit „Das Drama im Mutterleib" betitelt, und ich kenne solche dramatischen Aufstellungen sehr gut) fällt dem Klienten aus meiner Sicht auch deshalb sehr schwer, weil er diesen Zwilling gerade erst wiedergefunden hat und das Ganze so dramatisch war. Wie soll er ihn da wieder gehen lassen? Das kann man zwar rituell machen, aber ich fürchte, dass seine Seele da nicht mitkommt. Das Erlebnis, endlich das gefunden zu haben, was einem ein Leben lang gefehlt hat, gibt dieser Wiederbegegnung eine solche Wucht, dass man das gerade Gefundene nicht wieder gehen lassen kann. Unabhängig vom Zwillingsthema habe ich beobachtet, dass alle dramatischen Aufstellungen eine solche Faszination haben, dass die wirkliche Lösung, das Anerkennen und Vorbeiseinlassen dessen, was geschehen ist, ganz oder teilweise in der Hintergrund tritt. Was im Zwillingsfall anzuerkennen ist, ist der Tod des Zwillings und das Alleinsein des Überlebenden.

Ich folge heute in meiner Arbeit dem Bedürfnis eines Klienten, sich mit einem Toten wieder zu vereinigen, nicht mehr, sondern mute ihm zu, den Verlust aus der Distanz des Überlebenden zu sehen und ihm von dort aus zuzustimmen. Das ist natürlich nur möglich, wenn man mit dem *erwachsenen* Klienten (seinem erwachsenen Bewusstsein) arbeitet und nicht mit dessen innerem Kind. Dabei lasse ich den Erwachsenen, der als Kind einen Elternteil oder ein Geschwister verloren hat, den Wunsch seines inneren Kindes nach einer Wiedervereinigung mit dem Verstorbenen sehen und spüren. In manchen Fällen würde ich das Kind (für das ich dann einen extra Stellvertreter nehme) auch zu dem Toten gehen lassen, aber nicht mehr den Klienten selbst. Jenseits von dem hier beschriebenen Vorgehen beim LIP ändert sich so auch die Arbeit mit Familienaufstellungen sehr stark, wenn der Therapeut die verschiedenen Bewusstseinsebenen deutlich unterscheidet. Auch Fragen wie der, was die Mutter so traurig oder den Vater so abwesend sein lässt oder welche Schuld der Großvater hat oder wie Täter und Opfer oder Mann und Frau aus früheren Generationen sich wieder versöhnen können, gehe ich nicht mehr nach – weder beim LIP noch beim Familienstellen. Das sind Kinderfragen, die einem kindlichen Bedürfnis folgen und es damit bestärken. Sie gehen die Nachkommen nichts mehr an. Der Erwachsene schaut vielmehr nach vorn. Er nimmt und lässt die Welt, wie sie ist, auch seine Eltern und deren Vorfahren. Sie alle hatten ihr Leben, und der Respekt vor ihnen als Person wie auch dem Leben als solchem verbietet es, daran herumzukorrigieren. Für eine erwachsene Therapie mit erwachsenen Menschen bleibt lediglich die Aufgabe, es dem Klienten zu ermöglichen, das, was ist, zu sehen – und ihn dabei ein wenig zu unterstützen.

Zurück zum LIP. Ein Grundproblem der meisten psychotherapeutischen Ansätze (auch des Familienstellens) besteht darin, dass sie keinen systematischen Platz und keinen Blick für das Einzigartige in uns haben, für das, was wir immer schon sind, aber durch unser *Leben* erst verwirklichen. Stattdessen wird das Leben als eine Folge früherer Ereignisse gedeutet und behandelt: Ich bin so, fühle und handle so, weil sich in meiner Kindheit oder in meiner Familie (bei esoterischen Ansätzen: in meinen früheren Leben) dies und jenes ereignet hat. Das bedeutet aber, dass uns die Therapie als Gefangene unserer Geschichte sieht.

James Hillman, einer der bedeutendsten zeitgenössischen Therapeuten in der Tradition von C. G. Jung, hat gegen diese psychotherapeutische Grundhaltung mächtig polemisiert. Ich stimme nicht mit seiner pauschalen Verwerfung der Bedeutung der Entwicklungsgeschichte, der Eltern und des familiären Einflusses auf das Kind überein. Wenn er aber schreibt: „Ich möchte, dass wir uns das, was ein Kind durchmacht, als das vorstellen, was es tun muss, um in der Welt einen Platz für seine spezielle Berufung zu finden", dann entspricht dies exakt den Beobachtungen, die ich beim LIP mache. Hillman fährt fort: „Es versucht, zwei Leben gleichzeitig zu führen, das, *mit* dem es geboren, und jenes der Leute und Orte, *bei* denen es geboren wurde." [22]

In den Familienaufstellungen befassen wir uns mit diesen „Leuten und Orten", mit den Personen und Ereignissen um uns herum, dem, was in unserer Kindheit und davor geschehen ist, dem, was wir aus der Familie übernommen haben, mit unserem Platz in Bezug auf diese (und andere) „Leute und Orte" außerhalb von uns. Das scheint mir wichtig, aber auch einseitig, denn wir befassen uns mehr oder weniger *nur* damit. Im LIP liegt der Fokus hingegen ganz auf dem Sein, auf dem, was wir immer schon sind und was sich im Prozess unseres *Lebens* entfalten möchte. Wenn wir dieses Sein ganz zu uns nehmen und uns dem Prozess seiner Entfaltung ganz hingeben wollen, müssen wir aber auch die „Leute und Orte", das, was uns im Leben widerfahren ist und

22. James Hillman, Charakter und Bestimmung. München 1998, S. 28.

widerfährt, zu uns nehmen. Denn sie gehören auch zu diesem Entfaltungsprozess, auch wenn wir den Sinn darin oft nicht erkennen. Der Sinn gibt sich einem erst im Nachhinein zu erkennen, und zwar dann, wenn man nicht mehr nach ihm sucht.

In diesem Sinne gilt es, sein Leben zu umarmen, das heißt, es so, wie es war und ist, aufzunehmen und in seine Arme zu schließen. Das gilt sowohl für das Äußere als auch für das Innere. Paradoxerweise bedeutet dies aber zugleich, sich in die Arme des Lebens zu begeben. Indem ich meine Urteile darüber, was gut oder schlecht war, aufgebe, gebe ich mich nämlich dem Leben hin, wie es ist. Insofern könnte dieses Buch auch heißen: „Lass dich vom Leben umarmen" oder so ähnlich. Indem ich mein Sein zu mir nehme, gebe ich mich ihm zugleich hin. Damit kann es sich verwirklichen, und man selbst kann wirklich werden.

Die methodische Vorgehensweise bei der Aufstellungsarbeit

Das Familienstellen (die Familienaufstellung) nach Hellinger ist in den neunziger Jahren populär geworden, wurde aber auch von Anfang an sehr kontrovers diskutiert, zunächst in der Fachöffentlichkeit, später dann auch in den Massenmedien, wobei die Grenzen sachlicher Kritik oft weit überschritten wurden.[23] Der Popularität und Verbreitung - zunächst in Deutschland, seit Ende der 90er dann über den gesamten Globus - tat dies aber keinen Abbruch. Inzwischen ist die Ereiferung sowohl bei Gegnern wie bei Befürwortern deutlich abgekühlt. Die Aufstellungsmethode wird in weiten Bereichen der Therapie, insbesondere der Familientherapie, der Traumatherapie, der Paarberatung, in der Sozialberatung und auch im Coaching und anderen Beratungsfeldern praktiziert, manchmal mit, oft aber auch ohne Bezug auf den Begründer Bert Hellinger und dessen spezifische Deutung seiner eigenen Arbeit.

Die Aufstellungsarbeit erfolgt hauptsächlich in Gruppen von etwa 15 - 30 Teilnehmern.[24] Zentrales methodisches Element ist die Stellvertretung oder Repräsentation von Menschen, mit denen der Klient in Beziehung steht, durch so genannte Stellvertreter. Bei der Familienaufstellung sind dies die Mitglieder der Gegenwarts- und/ oder der Herkunftsfamilie, wobei oft mehrere Generationen aufge-

23. Siehe dazu mein Buch „Die Hellinger Kontroverse", Freiburg (Herder Verlag) 2005.
24. Die in den Medien oft kritisierten Massenveranstaltungen mit mehreren hundert Teilnehmern (auf dem Gipfel von Hellingers Popularität waren es auch schon mal mehr als tausend) hat ausschließlich Hellinger selbst durchgeführt.

stellt werden, unabhängig davon, ob die so Vertretenen noch leben oder nicht. „Aufstellen" heißt: Der Klient, der für sich ein Problem klären will, sucht sich aus dem Kreis der Kursteilnehmer Stellvertreter für seine Familienangehörigen aus, nimmt diese bei der Hand und führt sie intuitiv an einen Platz im Raum, wo sie zunächst stehen bleiben und dann auf Ansprache durch den Therapeuten („Aufsteller") berichten, wie sie sich innerlich fühlen und wie sie die Beziehung zu den anderen aufgestellten Personen wahrnehmen. So war es anfänglich, inzwischen werden die Stellvertreter von den meisten Aufstellern aufgefordert, sich entsprechend ihren inneren Impulsen mehr oder weniger frei zu bewegen. Ich selbst lasse auch nicht mehr aufstellen, sondern lasse die Klienten nur noch Vertreter für bestimmte Personen auswählen; diese bitte ich dann, sich selbst einen Platz im Raum zu suchen oder weise ihnen (in den LIP-Aufstellungen) einen Platz zu.

Damit das Ganze nicht so abstrakt bleibt, erzähle ich eine kleine persönliche Geschichte. Bei meiner ersten Teilnahme an einem Aufstellungskurs, es war Mitte der Neunziger, wurde ich für die „rechte Niere" einer Frau aufgestellt, die seit langem an starken Nierenproblemen litt, ohne dass die Ärzte einen organischen Schaden feststellen konnten. Jetzt suchte sie in einer Familienaufstellung nach einer Lösung für ihr gesundheitliches Problem. Da ich keine Vorstellung davon hatte, wie man sich als Niere fühlt oder fühlen soll, war ich ziemlich gespannt, was da ablaufen würde. Ich vertrat das einzige nicht-menschliche Element in dieser Aufstellung und stand etwas abseits von den übrigen aufgestellten Familienmitgliedern. Dort fühlte ich mich auch richtig, es schien mir, als habe ich mit den übrigen nichts zu tun und sagte dies auch, als ich nach meinem Befinden gefragt wurde.

Daraufhin fragte die Therapeutin die Klientin, ob es in ihrer Familie jemanden gäbe, der quasi ausgeschlossen sei, und die Klientin berichtete von einem Bruder, von dessen Existenz sie erst einen Monat vorher etwas erfahren habe. Sofort wurde ich aufmerksam und hörte folgende Geschichte: Ihre Mutter sei als 16jähriges Mädchen im Krieg von einem britischen Soldaten vergewaltigt worden. Um dem Mädchen und der Familie die Schande zu ersparen, hätten ihre Eltern sie in ein Kloster geschickt, wo sie bis zur Niederkunft blieb. Das Kind, ein Junge, wurde dann im Kloster aufgenommen und aufgezogen und hat dann dort auch sein gesamtes Leben verbracht. Als er fünfzig wurde, hat er sich auf die Suche nach seinen Eltern gemacht und schließlich herausgefunden, wer seine Mutter ist und sich bei dieser gemeldet.

Ich wusste sofort, dass ich, die Niere, dieser Junge beziehungsweise dieser Mann war. Als die Klientin dann auf Anweisung der Therapeutin einen Stellvertreter für den britischen Soldaten auswählte und in die von mir aus gesehen entfernteste Ecke des Raumes stellte, schossen mir sofort Tränen in die Augen, und ich hatte eine große Sehnsucht nach diesem Mann, meinem Vater, dem ich dann schließlich auch erleichtert in die Arme fiel. Ohne mich von ihm trennen zu wollen, konnte ich daraufhin auch die übrigen Familienmitglieder anschauen und fühlte mich nicht mehr isoliert. Den Rest der Aufstellung habe ich vergessen. Die Vergewaltigungsgeschichte indessen glaubte ich nicht, mir schien es eher so, als hätte die Familie oder die Mutter dies erfunden, um die Schande einer sexuellen Beziehung mit einem feindlichen Soldaten zu minimieren.

Jenseits von dieser Geschichte aber war mir klar: Das ist die Methode, nach der du schon lange suchst und mit der du arbeiten willst und wirst. Obwohl ich nur stellvertretend für einen Unbekannten agierte, war die Begegnung mit „meinem" Vater ein tiefes emotionales Erlebnis, bei dem ich weinen musste, und auch alles Übrige stimmte für mich. Deshalb hatte ich den Kurs auch gebucht: Um festzustellen, ob und wie das, was ich über das Familienstellen gelesen hatte, wirklich funktionierte. Jetzt wusste ich es, und seitdem arbeite ich mit der Aufstellungsmethode.

Hellinger hat diese Methode nach und nach experimentell entwikkelt und verfeinert, andere haben eigene Elemente hinzugefügt. Es gibt Vorläufer davon, etwa bei der Arbeit mit Familienskulpturen oder dem Psychodrama, aber diese sind grundsätzlich anders. Dort werden Rollen interpretiert oder Szenen (z.B. aus der Familie) nachgespielt, ähnlich wie im Theater. Der Rollenspieler bekommt entweder klare Anweisungen, was er zu tun, wie er zu stehen oder zu sitzen hat, wohin er schaut und welche Miene er dabei aufsetzt, oder er hat im Rahmen solcher Vorgaben einen gewissen Spielraum, die Rolle entsprechend seinen Vorstellungen auszugestalten und zu spielen. Das ist beim Familienstellen vollkommen anders, **die Stellvertreter sind keine Rollenspieler,** sie bekommen keine „Skripte", keine Vorgaben, ja, sie bekommen oft nicht die geringste Information über die Person, die sie in einer Aufstellung vertreten. Sie folgen nur und ausschließlich ihren inneren Wahrnehmungen (die sehr emotional sein können) und Bewegungsimpulsen. Das hat zur Folge, dass sich in den Aufstellungen **nicht die vorgestellte Familienwelt** zeigt, wie sie etwa im Kopf des Klienten existiert, sondern **die wirkliche, wie sie tatsächlich ist.** So kommen dann oft Familiengeheimnisse ans Licht, von denen die Klienten nichts wussten, die aber ihr Unterbewusstsein und ihr Gefühlsleben (etwa wenn der wahre Vater verschwiegen wurde) durchaus massiv beeinflussen. Oder es zeigt sich, was der frühe Tod einer

Mutter oder eines Kindes, die Trennung der Eltern, eine Abtreibung oder eine Kriegsgeschichte wirklich für die Familie bedeutet und wie solche Ereignisse die Überlebenden und vielleicht auch ihre Nachkommen noch nach Jahrzehnten beeinflussen.

Über die Frage, wie es möglich ist, dass diese Methode so funktioniert, gibt es seit zwanzig Jahren eine intensive Diskussion, auf die ich hier nicht eingehen möchte.[25]

Fakt ist, dass es funktioniert. Es gibt aus meiner Sicht keine andere Methode, mit der sich so schnell und so präzise Informationen über die verborgenen Seiten sozialer Beziehungen, über verdrängte innere Anteile und Gefühle und über vieles andere mehr ans Licht bringen lassen wie mit der Aufstellungsmethode.

25. Eine wirkliche Theorie dazu gibt es noch nicht. Einige vertiefende Hinweise gebe ich unter anderem in dem Kapitel „Die Aufstellungsmethode - Bühnenshow oder Erkenntnisinstrument" in meinem Buch „Die Hellinger-Kontroverse", Freiburg 2005, S. 36 ff.

Dr. Wilfried Nelles führt zusammen mit seinem Sohn Malte das „Nelles-Institut für Phänomenologische Psychologie, Aufstellungsarbeit und Lebensintegration".
Mit dem von Ihm entwickelten „Lebens-Integrations-Prozess" hat er ein ganz neues Aufstellungsverfahren geschaffen, in dem es um die volle Zustimmung zum eigenen Sein und die Entfaltung des inneren Potentials geht.
Er lehrt auf der ganzen Welt, seine Bücher wurden bisher in zehn Sprachen übersetzt.

www.nellesinstitut.de

Weiter Bücher von Wilfried Nelles
auch auf unserer website:

www.innenwelt-verlag.de

Wilfried Nelles

DAS LEBEN HAT KEINEN RÜCKWÄRTSGANG
Die Evolution des Bewusstseins,
spirituelles Wachstum und das
Familienstellen
304 S. · Broschur
ISBN 978-3-936360-51-6

Wilfried Nelles

ALLES IST BEWUSSTSEIN -
BEWUSSTSEIN IST ALLES
Zur Psychologie der Gegenwart
352 S. · HC
ISBN 978-3-942502-52-8